早稲田アカデミー 中学受験を決めたその日から

サクセス12

今月号の表紙

写真◉w/b

CONTENTS

人類がはじめて有人宇宙飛行に成功したのは1961年です。それから約50年後の2012年2月、「もし地球と宇宙の間をケーブルでつなぎ、電車に乗るように気軽に地球と宇宙を行き来することができる【宇宙エレベーター】が開発されれば、人類の可能性がもっと広がるのではないだろうか…」と、【宇宙エレベーター建設構想】を発表した企業がありました。それが日本有数の大手建設会社、株式会社大林組です。今回は、宇宙エレベーター実用研究開発チームのリーダーを務められている大林組の石川洋二さんに【宇宙エレベーター】についてお話をうかがいました。

※写真提供　大林組

もう“夢”じゃない！ 地球と宇宙をつなぐエレベーター

【宇宙エレベーター】は 地球と宇宙を結ぶ乗り物!?

上の画像は宇宙エレベーターのイメージ図です。右下が地球、左上が高度3万6000キロメートルにある居住空間［静止軌道ステーション］で、左下の板のようなものは電力を供給するための［宇宙太陽光発電衛星］です。地球と［静止軌道ステーション］をつないでいるのは、1本の〝カーボンナノチューブ〟という物質でできたケーブルです。このケーブルは、地球上の［アース・ポート］と呼ばれる海に浮かんだ建造物から［静止軌道ステーション］へ、さらに高度9万6000キロメートルにある［カウンターウエイト］まで延びています。

ところで、画像をよく見ると、地球に近いケーブル上に細長い物体が描かれているのがわかりますか？　これは［クライマー］と呼ばれる乗り物で、電力で動き、全長144メートル、乗員定数は30名です。このように、【宇宙エレベーター】とは、地球と高度9万6000キロメートルの宇宙をつなぐ、電車のような乗り物なのです。

“カーボンナノチューブ”は【宇宙エレベーター】開発の救世主

【宇宙エレベーター】では、70トンの荷物を積んだ総重量100トンの［クライマー］がケーブルに沿って行き来する予定です。もしもそのケーブルを、普通のエレベーター用ケーブルでつくろうとした場合、［静止軌道ステーション］から地球に向けてケーブルを下ろした瞬間、ケーブルは自分の重さに耐えきれず、切れて地球に落下してしまいます。しかし、炭素の結晶が管の形につながった“カーボンナノチューブ”であれば、それが可能です。“カーボンナノチューブ”は非常に軽く、ほかの金属類よりも100倍以上引っ張る力に強いため、わずか厚さ1.38ミリメートル、幅は最大でも48ミリメートルのケーブルで地球と［静止軌道ステーション］をつなぎ、100トンの［クライマー］を行き来させることができます。つまり、“カーボンナノチューブ”の発明が【宇宙エレベーター】を“夢”から“現実”のものへと進化させたのです。

宇宙エレベーター全体構成図

提供：大林組

C 静止軌道ステーション

［静止軌道ステーション］は、地球と宇宙をつなぐ中継地点であり、宇宙観光の最終地点でもあります。ここではさまざまな実験や、静止軌道衛星の放出などが行われます。居住区画、実験区画を合わせるとその全長は約160メートルで、滞在人数は50名（働く人35名、観光客15名）を想定しています。また、［静止軌道ステーション］はケーブルに対して縦長な構造ですが、地球に近い部分が地球側に一層引かれることから、たとえ傾いても自然に元の状態に戻ることができます。また、建設途中にも部分的に利用でき、故障時の取り替えなども便利なことから、六角柱の“ユニット”と呼ばれる構造物66個を三重らせん状に組み合わせてつくる予定です。

A カウンターウエイト
（太陽系資源採掘ゲート）

［静止軌道ステーション］は、ケーブルで地球につながれた状態で宇宙を回っています。すると、2つをつなぐケーブルには遠心力と地球の引力が働くため、両方のバランスがとれていれば自然に直立します。これは手でヒモを持ってクルクルと回したときに、ヒモがピンとまっすぐに伸びるのと同じことです。そのバランスをとるための“おもり”が、高度9万6000キロメートルのところに置かれた［カウンターウエイト］です。また、［カウンターウエイト］は、小惑星帯や木星などの地球から遠い太陽系の惑星に向けて「探査機」を送り出す出発ゲートでもあります。

B 火星連絡ゲート

ここから火星に向けての「探査機」を飛び立たせます。

E・F 月重力センター・火星重力センター

月、火星と同じ重力になるため、それぞれの環境で行うのと同じ実験が可能です。また、宇宙旅行の観光地でもあります。

D 低軌道衛星投入ゲート

ここから人工衛星を落とすように放出すると、地球に近づいていく軌道に入ります。そして、人工衛星が高度300キロメートルに到達した時点で減速させると、そのまま周回を始めます。

地球を周回しているのに止まっているように見える［静止軌道ステーション］

地球のまわりを周っている物体には、宇宙に飛び出そうとする「遠心力」と地球が引き付けようとする「引力」がはたらきます。この「遠心力」と「引力」がちょうどつりあい、物体が地球から見て常に静止しているように見えるのが、赤道の真上、高度3万6000キロメートルにある“静止軌道”です。［静止軌道ステーション］は、地球とケーブルでつながったまま、この“静止軌道”上を24時間で1周しています。地球の自転と同じ向きと速さで回っているので、その姿はまるで地球から宇宙へとそびえるタワーのように見えるのです。

G アース・ポート

［アース・ポート］は【宇宙エレベーター】のケーブルを地上に固定する施設です。空港や宿泊施設、宇宙資源の研究開発をする企業などが建ち並ぶ陸地から10キロメートルほど離れた海上にあり、陸地とは海中トンネルで結ばれています。

【宇宙エレベーター】の実現に向けて

―― 大林組が「宇宙エレベーター建設構想」を発表したきっかけについて教えてください

　大林組では、『季刊大林』という広報誌を不定期に発行しています。毎号、建設に関わるテーマを決め、現代社会における問題や現象をひも解いています。そのなかで特に力をいれているのが〝大林組プロジェクト〟です。「大林組の持つ技術や知識を集めることで、何ができるのか」を提案するために社内選抜チームを結成し、「歴史的建造物はどのように建てられたのか」を検討したり、未来の建造物や街などについて構想したりと、毎号、その結果を発表しています。実は「宇宙エレベーター建設構想」も、2012年2月、『季刊大林』53号（テーマ：タワー）で発表した〝大林組プロジェクト〟なのです。

―― どのような方がプロジェクトメンバーとして選ばれたのですか？ また、石川さんがプロジェクトリーダーに選ばれた理由は？

　さまざまな分野の専門家7名が集められました。たとえば、気象学の専門家は地表と宇宙を結ぶケーブルが風の影響でどのように動くのかをコンピューターを使って計算しました。その動きからケーブルの施工方法を考えたのは、施工の専門家です。また、地上でケーブルを固定するための「アース・ポート」については海洋土木の専門家に任せました。そして、「静止軌道ステーション」などの宇宙施設については、設計の専門家とデザイナーがメンバーの意見をまとめました。私がプロジェクトリーダーに選ばれたのは、大学時代から宇宙工学や宇宙生物学について研究していたからでしょう。

　しかし、メンバーに選ばれたからといって、普段の仕事がなくなるわけではありません。所属部署での仕事をしながらのプロジェクトです。全員で集まるのも難しく、時間的にも厳しかったのですが、何の制約もなく自分たちの意見をぶつけ合うことができたので、約1年間、楽しく取り組むことができました。ある意味、〝部活動〟のようでしたね。

―― なぜ、『季刊大林』の発行後もプロジェクトが続いているのですか？

　本来は『季刊大林』の発行でプロジェクトチームは解散になります。ところが【宇宙エレベーター】は想像以上に反響が大きかったため、会社は【宇宙エレベーター】の実用化に本格的に取り組むことを決め、すぐに新しいチームが結成されたのです。現在は、私を含めた10名が【宇宙エレベーター】に関わる研究を進めると同時に、成果を学会で発表したり、学校や研究機関などで講演したりするなど、さまざまな活動を行っています。

―― 【宇宙エレベーター】はどのように建設するのですか？

　現在の構想では、まず2025年に「アース・ポート」に着工します。この「アース・ポート」については、これまでに培った大林組の技術がそのまま生かせるため、何の問題もなく、スムーズに建設が進むはずです。2030年には、高度300キロメートルの低軌道に、約20トン分の〝カーボンナノチューブ〟のケーブル、建設用の宇宙船、燃料をロケットで打ち上げます。そして、低軌道上で宇宙船を組み立てた後、その宇宙船を静止軌道まで移動させます。静止軌道に到達した宇宙船は、すぐに2本のケーブルを取り付けた「スラスター（推進機）」を地球に向けて送り出すと同時に上昇を始めます。その後、「スラスター」によって地上に届けられた2本のケーブルはすぐに「アース・ポート」に固定。また、高度9万6000キロメートルに達した宇宙船は「カウンターウエイト」になります。これで約20トン分のケーブルで地球と宇宙をつないだことになります。しかし、この時点でのケーブルは、長さと幅は完成時と同じですが薄さは4マイクロメートル（1000分の4ミリメートル）しかありません。そこで今度は地上から約450キログラムのケーブルを乗せた「クライマー」を上昇させながら少しずつケーブルを補強していきます。最初の宇宙船と同じく、「クライマー」は高度9万6000キロメートルに到達した時点で「カウンターウエイト」として利用します。この補強を18年ほどかけて510回ほど繰り返すと、最初は20トンしかなかったケーブルの重量は7000トンになり、総重量100トンの「クライマー」を支えられる厚さ1．38ミリメートルのケーブルとして完成します。

　その後、地球から「静止軌道ステーション」用のユニットを静止軌道まで運び、約7か月かけて完成させます。そのほかの施設については、地球から最も遠い「火星連絡ゲート」への資材を運びながら組み立てを行います。これらすべての作業がスムーズに進めば、最初のロケット打ち上げから19年5か月後の2050年には【宇宙エレベーター】の完成が可能です。

―― 【宇宙エレベーター】を実用化するメリットについて教えてください

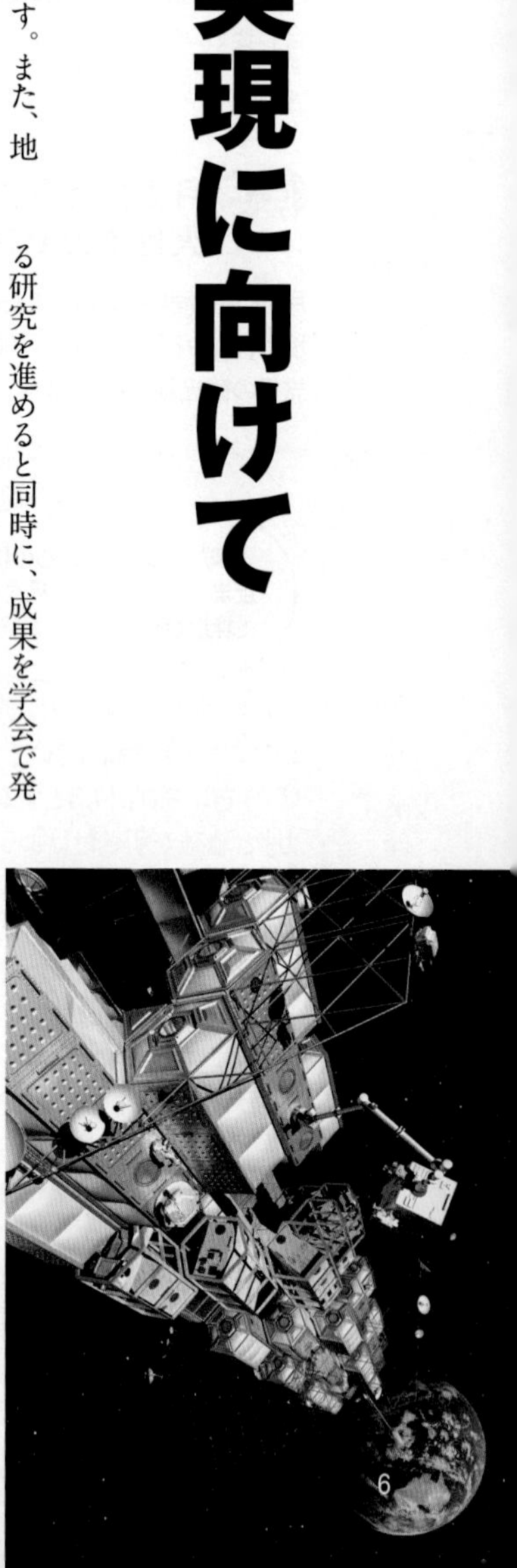

たとえば、現在、JAXA（宇宙航空研究開発機構）は静止軌道上に宇宙太陽光発電所を設置し、地球に電気を送る計画を進めています。しかし、ロケットを使ってこれを実現しようとすれば、8トン搭載できるロケットを使っても、1トン運ぶのに約10億円のお金が必要になります。しかし、【宇宙エレベーター】であれば一度に数十トンもの資材が運べ、しかも必要な経費は1トンあたり1000万円くらいで済みそうです。

同様に、現在、太陽系の惑星などを調査するための探査機をロケットに載せて打ち上げていますが、これも【宇宙エレベーター】ならば目的地に応じたゲートまで探査機や人工衛星の部品を［クライマー］で運び、そこで組み立てた後、わずかなエネルギーを加えることで確実に周回軌道に投入することができます。宇宙旅行も、［静止軌道ステーション］までなら、数百万円で行けるようになるでしょう。サッカーボールくらいの大きさの地球をながめられると思うと、想像するだけでワクワクしてきますね。つまり、【宇宙エレベーター】が実用化されれば、時間的にも経費的にもこれまで不可能といわれていたことが可能になるのです。

――これからクリアしなければならない課題があれば教えてください

課題は大きく分けて3つあります。その1つめは技術開発です。残念ながら、私たちの現在の技術力は、まだ完成に必要な技術レベルの100の1程度しかありません。なかでも〝カーボンナノチューブ〟については、1本あたり約10万キロメートルの長さが必要ですが、現在の技術でつくれるのはわずか数センチで、強度についてもまだまだ足りません。〝カーボンナノチューブ〟はいろいろな分野で使えるため、研究の優先順位が、スマートフォン用の蓄電池の開発など、需要が大きい分野にかたよってしまっているのです。実際、あるメーカーに相談したところ、「2年先に大量に使うようになるのであれば開発する」と言われてしまいました。これは【宇宙エレベーター】に関するいずれの技術も同様で、何か新しい材料や技術を外部企業に研究開発してもらうには、【宇宙エレベーター】のためだけではなく、その後、それらが広く使われるような環境を整えることも必要なのです。これについては、いま、まさに真剣に取り組んでいるところです。

2つめの課題は「どこに［アース・ポート］をつくるのか」です。できれば日本の海域に建設したいところですが、静止軌道は赤道の上空にあるため、赤道上に［アース・ポート］を建設したほうがケーブルにかかる負担は少なくて済みます。また、台風などの熱帯低気圧が発生しないことから考えても、［アース・ポート］の建設場所は、やはり赤道上が適切でしょう。しかし、現在の構想では［アース・ポート］は陸地から10キロメートルほど離れた海上につくる予定です。すると、どうしても公海上というわけにはいかず、どこかの国につくることになります。ひとつの国のためではなく、世界中のみんなで利用できる共通施設をつくるのに、最もふさわしい場所はどこか――。これもなかなか難しい問題です。

そして、3つめが建設費の確保です。現段階の試算では10兆円と考えられていますが、これは2027年に東京（品川）―愛知（名古屋）間で開業が予定されているリニア中央新幹線の総工費とほぼ同額です。【宇宙エレベーター】がもたらす可能性から考えれば十分に価値のある事業だと思うので、その資金集めのための仕組みづくりも進めなければならないと考えています。

そのほか、宇宙放射線対策や、壊れたまま宇宙をさまよう人工衛星などの「宇宙ゴミ」との衝突回避方法など、問題は山積みです。しかし、まずは必要な材料や技術が少しでも進歩するよう、建設会社としてできる限りのサポートを試みているところです。

――子どもたちへ将来に向けてのメッセージをよろしくお願いいたします

これまで【宇宙エレベーター】は、〝夢物語〟や〝空想〟と呼ばれてきました。しかし、私たちをはじめ、多くの人が一つひとつチャレンジを積み重ねてきたことで、少しずつ〝現実〟へと近づいてきました。たとえば、1991年の〝カーボンナノチューブ〟の発見もそのひとつです。

ぜひ、みなさんも何かに興味を持ったならば、あきらめないでください。チャレンジし続ければ、きっと良き理解者や仲間が現れ、やがてその〝夢〟は現実のものとなるはずです。

そして、大林組は【宇宙エレベーター】のほか、さまざまな建設構想を発表しています。技術開発や設計、施工はもちろんのこと、法律、デザイン、まちづくりなど、あらゆる分野の専門家が私たちと一緒にチャレンジしてくれることを、首を長くしながら待っています。

石川さんにとって
『宇宙エレベーターとは？』

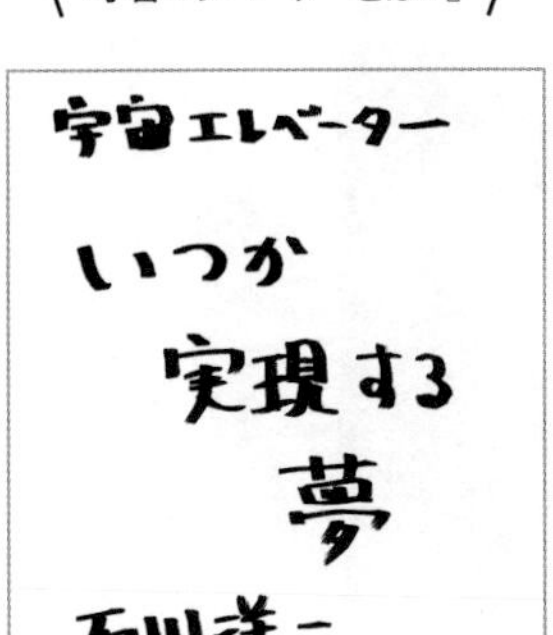
宇宙エレベーター
いつか
実現する
夢
石川洋二

石川 洋二氏
株式会社大林組 エンジニアリング本部 環境技術第二部 上級主席技師。工学博士。宇宙エレベーター調査研究開発チーム 幹事。
1955年生まれ。1978年3月、東京大学工学部航空学科卒業。1983年3月、同大学工学系大学院航空学専修博士課程修了。レンセラー工科大学、NASAエイムズ研究センターなどを経て、1989年に株式会社大林組に入社。月面基地、火星基地、火星地球化計画などの惑星居住計画の後、地球環境工学、宇宙エレベーター建設構想に従事し、現在に至る。

ASANO
Junior High School
浅野中学校

EIKO GAOKUEN
Junior High School
栄光学園中学校

名門5校をクローズアップ！

神奈川の注目校

今回の特集では、神奈川県の私立中高一貫校のなかから、注目の５校をご紹介します。
各校らしさの表れている校風から特色ある教育内容まで、
名門校と呼ばれる５校の魅力を、様々な観点からお伝えします。

SEIKO GAKUIN
Junior High School
聖光学院中学校

FERRIS Girls'
Junior High School
フェリス女学院中学校

SENZOKU GAKUEN
Junior High School
洗足学園中学校

ASANO Junior High School

浅野《あさの》中学校

横浜市　男子校

九転十起の強さと愛と和の優しさ 両方を併せ持つ逞しい人物を育む

「新子安駅」から徒歩8分の浅野中学校（以下、浅野）。約5万8000㎡という広大な敷地の約半分は自然林で占められ、緑に囲まれた森閑な教育環境にあります。

創立は1920年（大正9年）。2020年には創立100周年を迎える伝統校です。浅野の創設者である実業家・浅野總一郎の生きざまを表す「九転十起」の精神と、初代校長・水崎基一の教育理念「愛と和」を校訓とし、完全中高一貫の男子教育を実践しています。

三本柱の教育で 夢を実現できる人物へ

生徒全員が大学受験を目標とする進学校であり、毎年、東京大をはじめ多くの難関大学へ合格者を輩出する学校として知られています。

しかし、その教育内容は大学受験のみを見据えたものではありません。特徴は、学業・部活動・学校行事を三本柱とした文武両道教育を行っていること。中高6年間の全ての時間が人間形成の場であるという考えから、学校生活全般に熱意をもってかかわることをとおして、頭と心と身体をバランスよく育成します。

浅野の特色ある教育内容をいくつか具体的にご紹介します。

カリキュラムは大学受験を目標に6カ年を見通したものが用意されています。数学・英語・理科では中2までに中学校の学習を修了し、中3から高校の学びを先取り。高2から進路を意識した授業体系へ移行します。オリジナルテキストを使用した授業や、「模擬投票」など生徒が中心となる授業も行われています。また、教科の枠にとらわれない内容の「教養講座」を各学期1～2回程度実施。多様な視点から生徒の知的好奇心を刺激していきます。

グローバル教育にも積極的に取り組んでおり、希望者を対象とした海外研修や、国内でのエンパワーメント・プログラムなど様々なものを用意しています。

創立100周年記念事業として、2014年（平成26年）に新しい図書館と体育館が竣工。今年度には人工芝のグラウンドも完成するなど、教育環境もさらなる充実を見せる浅野中学校。夢を実現できる人物を中高6年間で育てる注目校です。

2017年入試情報	
募集人員	男子270名
出願期間	1月10日（火）～1月26日（木）
試験日	2月3日（金）
合格発表	2月4日（土）
選抜方法	筆記試験（国語・算数・社会・理科）

所在地
神奈川県横浜市神奈川区子安台1-3-1
アクセス
JR京浜東北線・京浜急行線「新子安駅」徒歩8分
TEL
045-421-3281
URL
http://www.asano.ed.jp/

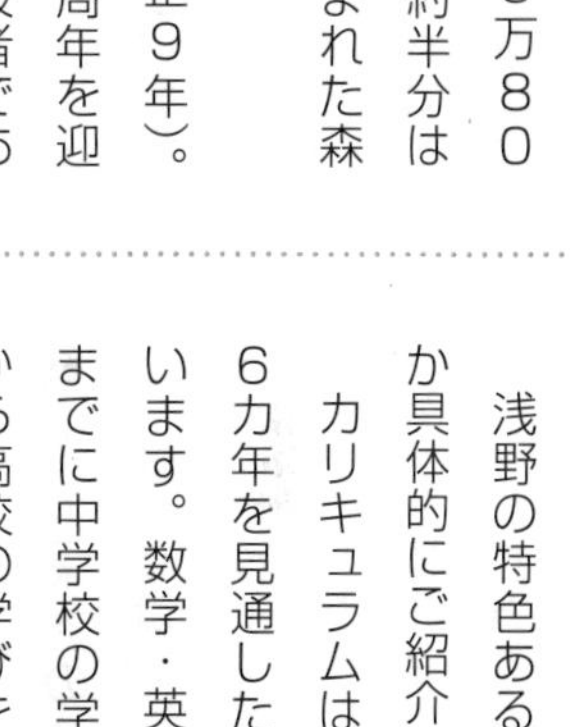

EIKO GAKUEN Junior High School

栄光学園中学校《えいこうがくえん》

鎌倉市　男子校

緑に囲まれた新校舎のもとで 他者のために働ける男子を育成

カトリックの修道会・イエズス会を運営母体に、1947年（昭和22年）に設立された栄光学園中学校（以下、栄光学園）。小高い丘の上に立つ広大かつ緑豊かなキャンパスで、生徒は「自らの能力を他者のために用い、他者とともに働くことができる精神と心」を育んでいます。

学習指導と生活指導が栄光学園教育の両輪

栄光学園では、難関大学に進学する生徒がほとんどですが、その教育内容はけっして大学進学だけを目的としていません。

学習指導と生活指導は切り離せないもので、日々の生活をしっかりと過ごすことなしに学力の伸長もないという考えのもと、様々な個性を持った生徒たちが規律や責任のある態度を養えるよう教員が指導にあたっています。

学習指導においては、幅広い教養を身につけるために、中1・2年次に授業の受け方や家庭学習の進め方などを具体的な場面から学ぶことで、自学自習の精神を養います。また、日々の授業では大学入試という目先の目標にとらわれることなく、生徒の知的好奇心をふくらませるような授業が展開されています。

中学入学からの2年間できちんと学習の素地をつくり、さらに学びへの意欲が湧き起こるような日々の授業をとおして、栄光学園生は自らの目標に向かってどう学習していけばいいかを考えながら学校生活を送ることができるようになっていきます。

そして、学園創立70周年にあたる2017年（平成29年）には、新校舎が完成し、より一層充実した学習環境が整います。

この新校舎は、卒業生を中心としたチームが設計しており、さらに監修は、新国立競技場の設計デザインを担当する世界的な建築家・隈研吾氏。彼もまた栄光学園のOBです。新校舎は先進の建築コンセプトが取り入れられた2階建ての鉄筋コンクリートと木造のハイブリッド構造で、雄大な自然に接しながら、人が自然に集まれるようなスペースもつくられています。

栄光学園中学校は、創立70周年を機に、新校舎とともに新しい一歩を踏み出します。

2017年入試情報	
募集人員	男子180名
出願期間	1月10日(火)～16日(月)
試験日	2月2日(木)
合格発表	2月3日(金)
選抜方法	筆記試験(国語・算数・社会・理科)

所在地
神奈川県鎌倉市玉縄4-1-1

アクセス
JR東海道本線・根岸線・横須賀線・湘南モノレール線「大船駅」徒歩15分

TEL
0467-46-7711

URL
http://ekh.jp/

SEIKO GAKUIN Junior High School

聖光学院《せいこうがくいん》中学校

横浜市　男子校

「紳士たれ」をモットーに 未来のグローバルリーダーを輩出

神奈川県屈指の進学校として知られる聖光学院中学校（以下、聖光学院）は、キリスト教の精神に基づいた人間教育を実践するミッションスクールです。2014年（平成26年）に竣工した新校舎を擁するキャンパスには、広い人工芝グラウンドや1500人を収容できる講堂などに加え、シンボルとも言える鐘楼《しょうろう》やパイプオルガンのある聖堂など、キリスト教学校らしい設備もあります。

建学の精神は、『カトリック的世界観にのっとり、人類普遍の価値を尊重する人格の形成、あわせて、高尚、かつ、有能なる社会の成員を育成する』こと。「紳士たれ」をモットーに学力だけでなく強い意志と優しい心を持つ人物の育成を目指している中高一貫の男子校です。

国際人としての感性を育む 聖光学院の特色ある教育

カリキュラムは、将来にわたって通用する高い学力と教養の育成を目標としている点が特徴です。聖光学院独自の様々な特色のある取り組みが用意されています。

学年を限定せず、自由に参加できる「聖光塾」もそのひとつ。教科の枠にとらわれない内容の講座が年間25以上開かれ、生徒の教養を高めていきます。なかには、「アメリカ西海岸研修」など海外を舞台とするものもあります。

国際感覚を身につけ、国際社会で活躍する人材育成のための「選択芸術講座」も魅力的です。中2を対象に、声楽、フルート、木工、演劇などの芸術講座を選択。専門講師のもと20人以下の少人数で学びます。

中3の秋に行われるのは「選択総合演習」です。「筑波サイエンスツアー」や「福祉の現場を知る」など、多彩な7つのコースのなかからそれぞれが選び、フィールドワークや体験学習に励む宿泊行事です。

宿泊を伴う行事が多いのも聖光学院の特徴です。なかでも目を引くのが、中1・中2・高1で体験する3泊4日の本格的なキャンプです。自然のなかで過ごす日々は座学ではけっして得られない経験となり、友人同士の絆も育んでいきます。

他校にはない特色ある教育を実践し、次代に羽ばたく人材を輩出している聖光学院中学校です。

2017年入試情報	
募集人員	第1回男子175名　第2回男子50名
出願期間	第1回1月8日(日)～1月14日(土) 第2回1月19日(木)～1月24日(火) ※1月22日(日)は除く (第2回は2月3日(金)9:00～16:00も出願可)
試験日	第1回2月2日(木)　第2回2月4日(土)
合格発表	第1回2月3日(金)　第2回2月5日(日)
選抜方法	筆記試験(国語・算数・社会・理科)

所在地
神奈川県横浜市中区滝之上100
アクセス
JR根岸線・「山手駅」徒歩8分
TEL
045-621-2051
URL
http://www.seiko.ac.jp/

SENZOKU GAKUEN Junior High School

洗足学園《せんぞくがくえん》中学校

川崎市　女子校

多彩なプログラムで生徒を伸ばし「幸福な自己実現」を目指す

「社会の中で『幸福な自己実現』を達成できる人物へ」と教育目標を掲げる洗足学園中学校（以下、洗足学園）。その目標を達成するため、日々の教育のなかで、高い学力、豊かな感性、コミュニケーション能力、広い視野を育てています。

6年間を3期に分け深い知力を育てる

洗足学園では、6年間を3期に分けた教育が展開されています。

第1期は中1の1年間です。学習への基本姿勢や他者の立場に立って考える習慣、ルールやマナー・礼儀を身につけることが目指されます。

第2期は、中2〜高2の4年間です。様々な活動に挑戦し、その活動のなかで失敗や成功を体験することで精神的な成長を促します。

そして第3期の高3では、卒業後も廃《すた》れることのない将来のビジョンをつくりあげ、進路実現に向けた高い意欲を引き出していきます。

カリキュラムの特徴は、6年間を通じて国語・数学・英語・社会・理科の5教科を必修としていることです。洗足学園では、柔軟で深い知力を育てるためには、幅広く学ぶことが大切だと考えられているのです。

また、中学の音楽でヴァイオリン・クラリネット・トランペット・フルートのいずれかの演奏に挑戦するなど特徴的な授業も行われています。

学習支援講座も魅力的で、教養講座は、様々な専門家を講師として招きます。今年度は『ミクロの世界の最前線』『音楽家の世界』などが開講されました。ほかにも英語講座や第二外国語講座などがあります。

さらに、講座以外にもバレエ教室や音楽教室、フィルハーモニー管弦楽団の活動など、洗足学園ならではのプログラムが用意されています。

そして、洗足学園の教育の特徴として忘れてはならないのが「他流試合」への参加を奨励していることです。これは大学や企業などが主催する大会やコンテストなど、学外の教育活動を指します。ひとりで参加する生徒も多く、全体の参加プログラム数は年200を超えるほどです。

このように、学力を育てるとともに、様々なプログラムを通じて、個々の可能性を引き出し伸ばす教育を行う洗足学園中学校です。

2017年入試情報	
募集人員	第1回女子80名　第2回女子100名 第3回女子40名
出願期間	第1回1月8日(日)〜1月28日(土) 第2回1月8日(日)〜2月1日(水) 第3回1月8日(日)〜2月4日(土)
試験日	第1回2月1日(水)　第2回2月2日(木) 第3回2月5日(日)
合格発表	web発表：試験当日 校内掲示：試験翌日
選抜方法	第1回・第2回筆記試験（国語・算数または国語・算数・社会・理科）第3回筆記試験（国語・算数・社会・理科）

所在地
神奈川県川崎市高津区久本2-3-1
アクセス
JR南武線「武蔵溝ノ口駅」・東急田園都市線・大井町線「溝の口駅」徒歩8分
TEL
044-856-2777
URL
http://www.senzoku-gakuen.ed.jp/

FERRIS Girls' Junior High School

フェリス女学院《じょがくいん》中学校

横浜市　女子校

「For Others」の精神を受け継ぐ 最も歴史あるキリスト教の女子校

1870年（明治3年）、アメリカの宣教師メアリー・エディー・キダーによって設立されたフェリス女学院中学校・高等学校（以下、フェリス女学院）。キリスト教に基づく日本最古の女子校のひとつです。

学校のモットーは、「For Others＝他人のために」。これは「めいめい自分のことだけでなく、他人のことにも注意を払いなさい」という聖書の一節にならったものです。この考えをもとに、「キリスト教信仰」「学問の尊重」「まことの自由の追求」の3つを教育の柱にしています。

本物の学問と本当の自由を追求

フェリス女学院の生徒は、毎朝の礼拝やキリスト教関連の行事をとおしてキリストの教えにふれ、豊かな感性を育んでいます。

また、教育の柱として「学問の尊重」を掲げることから、毎日の勉強が大切にされています。といっても、ただ自分のためだけに勉強すればいいというわけではありません。「For Others」という言葉がしめすように、世の中の多くの人の役に立つような、質の高い学問を追求していかなければならないという考えが根づいています。大学受験に必要な学力を身につけるばかりでなく、「本物の学問」の大切さを伝えているのです。

もうひとつの教育方針「まことの自由の追求」も、自由の本当の意味を一人ひとりがよく考え、自主的な判断で他人を思いやりながら行動するということを指します。

カリキュラムの特徴は、中1の聖書、中・高の英語、高校の数学で、少人数制授業を導入している点です。高3では多くの自由選択科目を用意し、それぞれが自分の希望に沿った科目を選ぶことができます。また、キリスト教と関連の深い聖書と音楽の授業は6年間必修です。

キリスト教信仰のもとで、生きていくうえで本当に大切なことは何かを学べるフェリス女学院中学校。2020年（平成32年）に創立150周年を迎えるにあたり、2014年（平成26年）に新体育館、2015年（平成27年）に新校舎として新2号館が完成しています。創立150周年を見据え、今後も「他人のために」生きる女性を輩出していきます。

2017年入試情報	
募集人員	女子180名
出願期間	1月7日（土）、10日（火）、11日（水）
試験日	2月1日（水）
合格発表	2月2日（木）
選抜方法	筆記試験（国語・算数・社会・理科）、グループ面接（受験生のみ）

所在地
神奈川県横浜市中区山手町178
アクセス
JR根岸線「石川町駅」徒歩7分、みなとみらい線「元町・中華街駅」徒歩10分
TEL
045-641-0242
URL
http://www.ferris.ed.jp/

アクティ & おかぽん が

早稲田アカデミーNN開成クラス理科担当の
阿久津豊先生が解説

東京都水の科学館に行ってきました！

豊富な実験装置

みんなが毎日使っている水。当たり前のように使っている水はどのようにしてできるのでしょうか。水を安全に使えるようにするためには、人の力だけではなく自然の力も関係しています。

今回は、東京都水の科学館で、水はどのようにしてみんなの家に届くのか、また水の秘密について見学してきました。みんなも水について学んでみましょう。

水について学べます

みんなの家に水が届くまで

水は自然の中を循環しています。みんなの家に届くまでには以下のような流れがあります。

① 太陽光が海や川をあたためます。

② あたためられた海や川などの水分は水蒸気になります。

③ 空にたまった水蒸気が雨となって森に降り、地下水として貯められます。

④ 地下水が湧水となり川に流れダムまで運ばれます。

⑤ ダムから浄水場に行き浄水されて給水所を通りみんなの家庭へ送られます。

水はたくさんあるように思うけど、陸上の生き物たちが飲み水として使える水は、地球全体に存在する水分のごく一部なんだよ。

雨と水のQ&A

Q1 雨は飲んでも平気なの？

飲めません。雨水は有害な化学物質や病原体を含んでいる可能性があります。水が飲めるようになるためには、自然と人の力が大切になります。

Q2 水にも種類があるの？

水には軟水と硬水があります。これは触った時の硬さではなく、水の中に含まれるミネラル量によって決まります。

	ミネラル量	特徴
軟水	少ない	ミネラル分が少なくすっきりとしており、和食などに向いています。
硬水	多い	スポーツに必要なミネラル分の補給に優れ、パスタなどの料理に合います。ただ、体質により合わない方もいます。

3F・森、2F・みんなの街、1F・海、をイメージしているんだね。この順番に見学すると分かりやすいね。

海水が実際にみんなの家に届くまでをイメージしてつくられています。

3F 自然を巡る水

エスカレーターで3Fに上がると、映像で水の大循環を体験できる「アクア・トリップ水のたびシアター」が目の前にあります。

アクア・トリップ水のたびシアター

アクア・フォレスト

森と水の関係について紹介しています。
一見関係がないように思えますが、森は大きな役割を担っています。

みんなが水を使うには自然が大きな役割をはたしているね。

①川に流す水量を安定させ洪水を減少させます。

土がスポンジの役割をして水を吸収することで、大量の雨が降っても洪水を緩和できると考えられています。

森林は植物がない土地よりも3倍も雨水を吸収できるんだよ。

②雨水を適正な水質にします。

雨水が土の中を通ることにより、余分な栄養分が吸収されます。また、土の中のミネラル分が混ざることで、おいしい水になります。

2F 私たちの生活と水

おいしい水道水がどのようにしてつくられているのかを紹介しています。また「アクア・ラボラトリー」では実験で水の不思議を体験することができ、「アクア・タウン」では水の大切さについて学ぶことができます。

アクア・ラボラトリー

水の実験

水は循環しているけど、不必要に使いすぎてしまうと環境へ悪影響を与える恐れもあるんだね。

アクア・タウン

給水所から水が流れる様子（模型）

節水を心がけることが大切なんだね。

1F

海をイメージしています。入館すると科学館名物「わくわくマウンテン」が迎えてくれます。

わくわくマウンテン

うきうきプール

INFORMATION

所在地／〒135-0063 東京都江東区有明3-1-8
TEL. 03-3528-2366
開館時間／午前9時30分～午後5時まで
（入館は午後4時30分まで）
休館日／月曜日（休日の場合はその翌日）、年末年始
ホームページ／http://www.mizunokagaku.jp
交通／りんかい線「国際展示場」下車徒歩8分
ゆりかもめ「国際展示場正門」下車徒歩8分

東京の水道水がおいしい理由

おいしいと感じるには、味だけでなくにおいも重要になります。東京都の水は法律以上の目標を設け、安全でおいしい水をつくる努力をしています。通常、水は、沈でん、ろ過、消毒の三つの工程で浄化されます。東京都の水道では、これらに加えて高度浄水処理を行うことで、水からかび臭の原因となる物質などを除去しています。

東京の水は「東京水」として販売されているよ。

アクア・ツアー（地下1F）

稼働している給水所を見学できるのは、都内でここだけなんだよ。

有明給水所

科学館の地下には「有明給水所」があります。このツアーでは、稼働中の給水所を見学して、みんなの住んでいるところにどうやって水が送られるのかを知ることができます。給水所では巨大なポンプが動いていて、24時間常に街へ水を送り出しています。また給水所のなかにある制御室では供給する水の量を調整しています。この調整は日中・夜間などの区分以外にも、スポーツ中継の試合中と休憩時間で変化させるといった細かい調整もされています。そうすることで水不足を防いでいるのです。

富士五湖

日本一の富士山を囲む5つの湖

聞いてビックリ
知って納得

都道府県アンテナショップ探訪

これまでいくつの都道府県を訪れたことがありますか？ 各都道府県には、まだあまり知られていない名所や習慣が多く存在します。今回は、「富士の国やまなし館」に山梨県の魅力をうかがいました。

富士山の北側には、山中湖、河口湖、西湖《さいこ》、精進湖《しょうじこ》、本栖湖《もとすこ》という湖があります。この5つの湖を「富士五湖」といいます。昔から5つの湖があったわけではなく、富士山が噴火したことで溶岩が川の流れをせき止めてしまい誕生したといわれています。避暑地として人気の高い山中湖、河口湖だけではなく、「乙女の湖」と呼ばれるほど美しい西湖、いびつな形をしている精進湖、千円札の裏面に描かれている本栖湖と湖ごとに特徴があります。

「富士の国やまなし館」
店長 **森原 和加子**さん

国蝶オオムラサキ

オオムラサキは羽を広げると10㎝以上になります。1957年に日本の国蝶に選定されました。オオムラサキの寿命は約1年で、夏に産卵を終えると死んでしまいます。そのため夏のわずかなあいだしか、成虫の姿を見ることはできません。日本国内のほぼ全域に生息していますが、山梨県北杜《ほくと》市が日本で最多の生息地であるといわれています。

山梨県マスコット
武田菱丸《たけだひしまる》
性格●勇敢で頭脳明晰
宝物●いつも持ってる風林火山の軍配
好きなことば●皆のもの〜出陣じゃ〜！

お土産売れ筋ランキング

No.1 信玄餅

山梨県を代表するお菓子です。名前は戦国時代に現在の山梨県周辺を治めていた武田信玄《たけだしんげん》に由来します。きな粉をまぶしたお餅に黒蜜をかけて食べます。全国にファンの多いスイーツです。

No.2 ジャム

旬の時期に収穫したくだものをジャムにすることで、新鮮なおいしさを閉じ込めました。くだもの大国山梨県のジャムは、一びんに何個もの果実を使用して、くだものそのものを食べる以上のおいしさが凝縮されています。

No.3 ほうとう

山梨県の郷土料理で、一説には武田信玄が戦場で食べたともいわれています。うどんと比べて麺《めん》は薄く幅が広いのが特徴。かぼちゃやイモ類、季節の野菜と一緒に味噌で煮込んで食べます。

提供：山梨県リニア推進課

❶山梨県立リニア見学センター

山梨県には21世紀の"翔ぶ鉄道"として脚光を浴びるリニアモーターカーの実験線があり、2015年に有人走行による世界記録、時速603㎞を記録しています。都留《つる》市にある山梨県立リニア見学センターは、時速500㎞で走行するリニアを間近で見学できる日本で唯一の施設です。

❷北岳《きただけ》

南アルプス市にある北岳は、富士山に次いで日本で二番目に高い標高3,193mの山です。白峰三山《しらねさんざん》の一番北に位置し、キタダケソウなど北岳固有の高山植物が天然の美しい花畑をつくり出しています。

❸身延山久遠寺《みのぶさんくおんじ》

身延山の山麓、標高400mの場所にある久遠寺は、鎌倉時代に日蓮聖人が開いた日蓮宗の総本山として年間を通して多くの参拝客でにぎわいます。境内の樹齢400年のしだれ桜が有名で、11月上旬には杉の緑と落葉樹との鮮やかなコントラストが美しい身延山の紅葉を楽しむことができます。

❹御岳昇仙峡《みたけしょうせんきょう》

切り立った断崖の間に奇石《きせき》が並ぶ日本屈指の渓谷美で、約180mの主峰である覚円峰《かくえんぼう》や日本の滝百選に選ばれた仙娥滝《せんがたき》など多くの見所があり、国の特別名勝に指定されています。甲府市街地から車で30分で行くことができ、家族連れにも人気で、11月上旬から下旬にかけて紅葉が見ごろを迎えます。

山梨県基本情報

面積…… 4,465.27㎢
人口…… 830,453人
(平成28年9月1現在)
県の木… カエデ
県の花… フジザクラ
県の鳥… ウグイス
県庁所在地… 甲府市

❺武田信玄公像

甲府駅南口駅前広場にある山梨県のシンボル、武田信玄公像。戦国時代、「風林火山」の軍旗をはためかせ最強といわれた武田軍団を率いた武田信玄は、名将として多くの逸話とともに歴史に名を残しています。

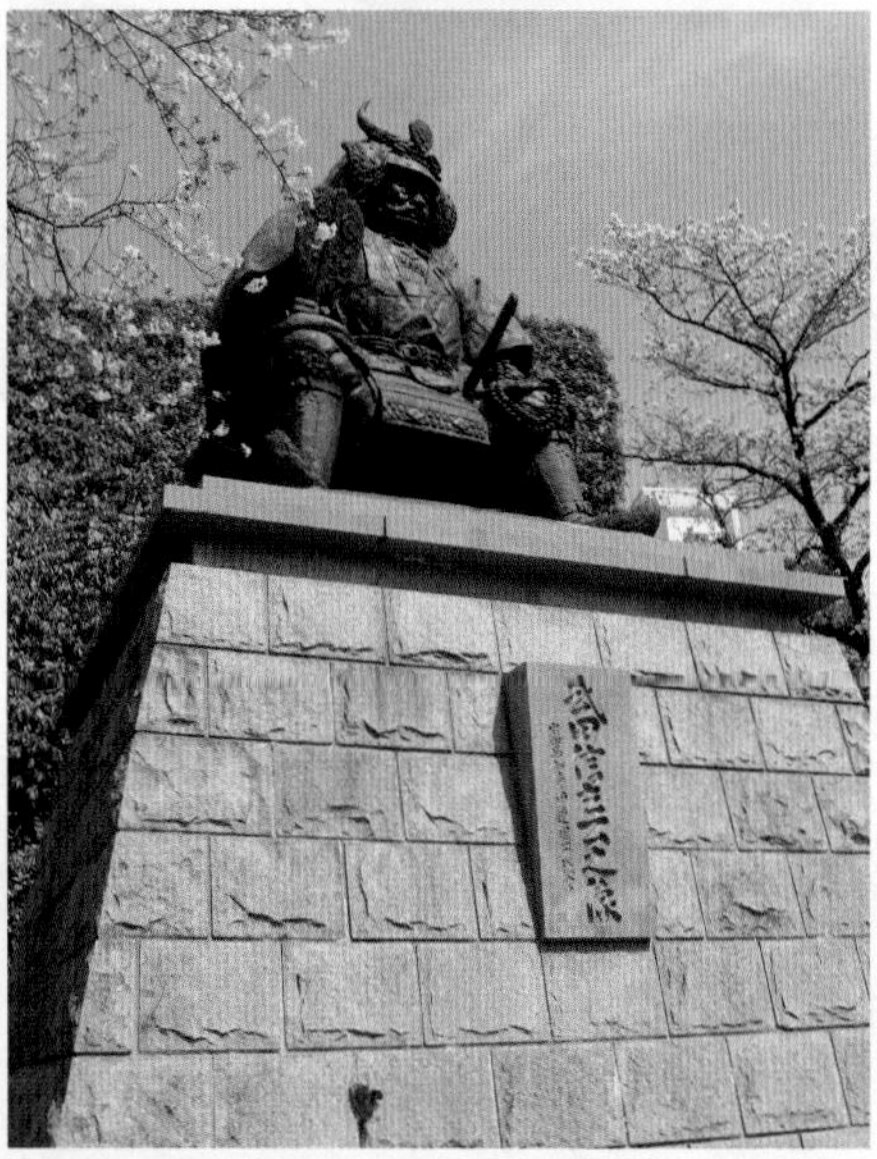

生産量全国１位

山梨県の特産品

もも

山梨県はももの生産に大切な、水はけがよい、日照時間が長い、雨量が少ない、寒暖差があるという4条件をすべて満たしたもも栽培理想の地。とろけるように甘く大きなももがつくられています。

ぶどう

7月上旬から晩秋までさまざまな品種がつくられており、県の各地にぶどう狩りを楽しめる観光農園もあります。

すもも

甘酸っぱくてジューシーな初夏の味覚。大玉で甘みの強い高級品種「貴陽」など、多くの品種がつくられています。

富士の国やまなし館

〒103-0027 東京都中央区日本橋2-3-4
日本橋プラザビル1・2F
TEL.03-3241-3776(1F)／TEL.03-3527-9185(2F)
●営業時間●
1F観光案内・物販 11:00〜19:30(観光案内〜18:00)
2Fレストラン(Y-Wine) 11:30〜16:00　17:00〜22:00(月〜金)、〜21:30(土)
●アクセス●
東京メトロ銀座線他「日本橋駅」B３番出口 徒歩２分
ＪＲ「東京駅」八重洲北口 徒歩４分

受け継がれる伝統

甲州印伝《こうしゅういんでん》

江戸時代、インド(印度)から幕府に献上された装飾革の美しさに刺激され、鹿皮をなめして美しく彩色したものを印伝と呼ぶようになったといわれています。甲州印伝は鹿皮に漆《うるし》で模様を付けたものが特徴で、時がたつほど深みのある落ち着いた光沢になっていきます。巾着、小銭入れ、ハンドバッグ、ベルトなどがあり、丈夫で美しい甲州印伝は、山梨県民なら必ず一つは持っているといわれるほど、地元の人々に愛され続けています。

写真提供：やまなし観光推進機構

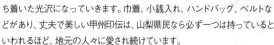

お仕事見聞録

「働く」とは、どういうことだろう…。さまざまな分野で活躍している先輩方は、なぜその道を選んだのか？仕事へのこだわり、やりがい、そして、その先の夢について話してもらいました。きっとその中に、君たちの未来へのヒントが隠されているはずです。

艤装《ぎそう》工事管理担当者

ジャパン マリンユナイテッド株式会社

西尾　怜美さん

PROFILE
1986年生まれ。2005年3月、千葉県立千葉高等学校卒業。2009年3月、東京理科大学理工学部工業化学科卒業。同年4月にジャパン マリンユナイテッド株式会社に入社し、艦艇《かんてい》の内装設計、塗装設計に従事する。2014年6月からは船装チームに異動し、海上保安庁船やフェリーなどの艤装《ぎそう》工事管理を担当、現在に至る。

—ジャパン マリンユナイテッド株式会社とは？

横浜、津、舞鶴、呉、有明、因島の6か所の工場で、多種多様な船の建造や修理などを行う造船会社です。

コンテナ船やタンカー、カーフェリーなど人や物を運ぶための船舶を建造する「商船事業」、主に防衛省や海上保安庁向けの船に関わる「艦船事業」、海上で石油を掘るために必要な海洋構造物などに関わる「海洋・エンジニアリング事業」、そして修理・改造を通じて船をサポートする「ライフサイクル事業」の4事業を柱に、船舶・海洋の未来に向けて取り組んでいます。

—ジャパン マリンユナイテッドに就職しようと思ったきっかけは？

最初は、大学で学んだ化学の知識を生かしたいと思い、防衛省の化学専門職（国家公務員）を目指していました。しかし、その他の仕事についても知りたいと思い、一般企業の合同セミナーにも積極的に参加しました。そのひとつが造船会社の合同セミナーだったのです。

人が住めるほどの大きな構造物でありながら、海に浮かび、さらには自分の力で動くこともできる船。そんな船をつくる〝造船業〟という仕事を初めて知った私は、ぜひチャレンジしてみたいと思いました。防衛省に少しでも関係のある企業はないかと、艦艇・官公庁船を扱っている造船会社を探していたところ、ジャパン マリンユナイテッドに出会ったのです。

—船が完成するまでの工程を簡単に教えてください

依頼主の要望に合わせて、船の大きさやエンジンのサイズ、機能など、すべての要素の図面を私たちは一から作成していきます。つまり、すべての船はオーダーメイドなのです。

契約後、船の基本性能や船内の部屋の数などを確定し、製造現場に渡す細かい図面をつくるため、具体的な形や大きさ、配置、加工方法などの詳細設計を行います。その詳細設計をもとに鋼材などの材料や装備品を調達し、いよいよ建造していくことになります。まずは調達した鋼材の切断、曲げ、溶接を行い、船の本体をつくります。その後、船内にエンジンや電気機器などを取り付ける「艤装」と呼ばれる作業に入ります。陸上での工事が終われば船を海に浮かべます。これが「進水」です。進

水後、岸壁に係留された船は、すべての艤装が終わると、洋上を試運転しながら最終調整します。その後、船は名前をつけてもらう「命名式」や依頼主に船を引き渡す「引渡式」を経て海に出ていきます。

船の種類にもよりますが、依頼から引き渡しまでに2年から3年はかかります。

―仕事内容について教えてください

現在は、図面をもとに艤装品を取り付けるためのスケジュールを作成し、その通りに作業が進むように、さまざまな部署と調整を行う現場管理を担当しています。

私が管理を担当する艤装品とは、船をかたどる本体やエンジンなどの動力、電気配線以外のものすべてです。たとえば、ベッド、トイレや風呂、空調などの設置や配管など、人が船で快適に過ごすためのものです。そのほか、荷物を動かすためのクレーンや船を海上で止めておくためのアンカー（錨《いかり》）なども含みます。また、船の仕上げ、依頼主への引き渡しを担当するのも私たち【艤装工事管理担当者】です。

―さまざまな知識が必要になると思いますが、どのような勉強をしましたか？

入社するまでは船について何も知りませんでした。そこで、まずは船の基本知識を身に付けようと思い、現場を歩き回って、船の種類はもちろんのこと、装置の名前やそれがどんな役割をするか、また装置を取り付けるために職人さんが使用している工具の名前までも勉強しました。ベテランの方ともきちんと話ができるよう、とにかく実物を見て学びました。

―艤装工事を管理するうえで、工夫していることはありますか？

船に取り付けるクレーンや部屋など、さまざまな工事の進み具合を確認し、その工事に関わる多くの人と打ち合わせをしながら、現場の作業が順調に進むように毎日現場を走り回っています。一か所でも予定が狂うと、その後、いろいろなところに支障が出てくるので、その場しのぎではなく、完成の状態から逆算してスケジュールを調整するよう、日々奮闘しています。

―どんなときに達成感を得られますか？　また、つらいと感じますか？

船内の移動では階段やはしごを何度も上り下りするので、子どものころにアスレチックで遊んだときくらいに体を動かさなければならず、体力的に大変なこともあります。またスケジュールが思ったように進まないときにはつらいと感じます。

でも、苦労が多いほど、船が初めて海に浮かんだ日（進水したとき）や初めて航海に出た日には何ともいえない達成感を得ることができま

SCHEDULE

西尾さんのある一日のスケジュール

7:30	出勤
8:00	朝のミーティング
9:00	現場対応
12:00	昼食
13:00	他部署との会議
15:00	現場対応
16:00	事務所にてデスクワーク
18:00	退勤

す。特に依頼主への引渡式を終えた後、船が岸から去っていくのを見たときの安堵感は格別です。これまで2隻を見送りましたが、「不具合で戻ってきませんように…」との願いを込め、思いっきり手を振りました。

—仕事をするうえで気を付けていることはありますか？

自分一人で船をつくることはできません。立場の違うさまざまな人たちと仕事を進めていくので、常に思いやりと気遣いを忘れないようにしています。

—この仕事に就くために必要な資質は？

船を完成させるには、多くの人の協力が必要です。要望を相手に正確に伝え、また相手の意見をきちんと聞くコミュニケーション能力は欠かせないでしょう。また、作業中に発生する数多くの問題や課題をひるまずに受け止めるキャパシティ（受容力）も必要ですね。

資格が必要な建築と違って、造船にはさまざまな分野から関わることができます。ですから、学生時代は好きな分野の勉強を追求してください。

—これから絶対に成し遂げたいことは？

どこの部署に異動しても、自分にしかできない専門分野を持つことです。「○○ならば西尾に任せれば大丈夫」と言ってもらえるようになりたいです。

—子どもたちに将来に向けてのアドバイスをお願いします

子どものころに失敗を経験しないままに大人になると、根拠のない自信や偏った価値観を持ってしまうかもしれません。そうならないためにも、失敗を恐れずにいろいろなことにチャレンジし、幅広い考え方を身に付けてほしいと思います。

そして、自分の夢は絶対に諦めないでください。私は、ジャパン マリンユナイテッドに就職したときから、「船をつくる現場に関わりたい」と思っていました。しかし、私が就職したころは、現場に関わることができるのは男性社員のみだったため、最初は設計部署に配属になりました。それでも諦めず毎年のように希望を伝え続けたところ、入社5年目に現場に携わる部署へ異動になり、ジャパン マリンユナイテッドで初めての女性【艤装工事管理担当者】になることができたのです。これには、それまで女性がいなかったこともあり、配属先の上司や先輩方はとても驚いたそうです。夢を諦めずに努力し続ければ、必ず誰かが見ていて、力を貸してくれると思います。ぜひ、皆さんも夢に向かって突き進んでください。

—仕事を通じて感じる喜びとは？

奮闘しながら
形にしていくこと
西尾 怜美

6年後
夢をかなえる
中学校

夢中

東邦大学付属東邦中学校

千葉県　習志野市　共学校

広報部長
上野 唯一 先生

自然・生命・人間の教育理念

本校では「自然・生命・人間」の教育理念のもと、〝科学を総合して、自然を正しくみる〟なかで、人文・社会・自然科学などについて、あらゆる角度から見た上で、自分の専門性を見出し確立してもらいたいと生徒たちに期待しています。そのための「自分探し学習」であり、「リベラル・アーツ型教育」の実践です。

覚えたことは表現し、問題を発見して解決する

中高一貫のカリキュラムを前中後と三期分けにする例は割とよく聞かれると思いますが、本校では中高6年間のうち、中1から高1までを広く学ぶ「WIDE期」、高2からは深く学ぶ「DEEP期」としています。

WIDE期は専門性の土台となる幅広い教養、東邦の考えるリベラル・アーツを身に付ける期です。この時期は〝覚える〟ことに終始せず、積極的に〝表現する〟力を養うことを前提としています。

DEEP期では、主に問題発見型、解決型の学習に努めます。問題を与えられてハイ解けましたでは、社会に出たら対応できなくなります。目の前、あるいは社会にどんな問題があるかをまず知り、その後どう解決するかを自ら考え行う学習です。理科の実験や、総合学習での「傑作レポート」など、全ては問題を発見しどう解決するか考えることでその分野のエキスパートになって行き、大学でもそれが継続できるような取組をしています。

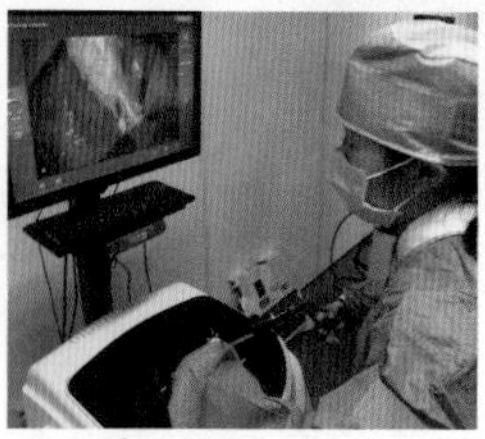

ブラックジャックセミナーの様子

〝何か分からないけど面白そう〟なら東邦へ

望む生徒像としては学問と自由に向き合える子に来て欲しいと考えています。好きなものを見つけ取り組む際、それを色々な角度から見てほしいです。初めからあれはダメ、これもダメと限定せずに、多角的な視点を持つことが求められています。

入学当時に好きなものがなくたって構いません。むしろ、そこから始められる可能性を応援したいのです。本校というと〝理系〟のイメージをお持ちの方が多く、実際に医者になりたいと考え本校を志望する生徒もいます。しかし、初めのうちは「何か分からないけど面白そう！」でいいと考えています。多彩な方向性を持ち、それぞれの夢を追いかけ実現していける、それをお互い尊重できる、そんな校風を持っているのが東邦大東邦です。誰もが学校生活において、居場所を作って自分探しができる、それが本校の良さだと思っています。

東邦大学付属東邦中学校の魅力

本格的な学びを経験できる学問体験講座

隣接する東邦大学はもちろん、他大学との連携のもと、より専門的で高度な学問を体験できるのが「学問体験講座」です。年3回実施され、自律型ロボットを製作したり、漢方薬を調合するなど、本物の実験・実習を行い、自分たちの学習が大学での研究を通じ、社会にどう生かされているのかを学ぶことができます。

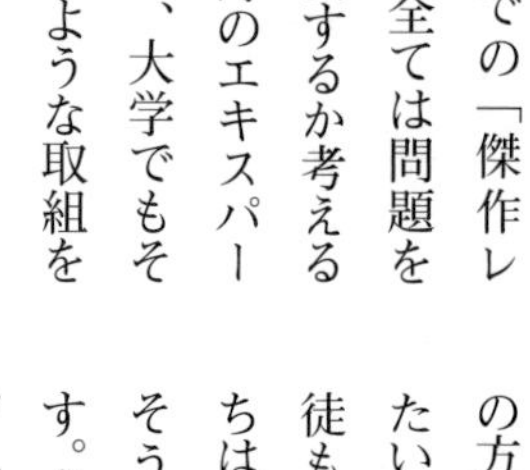

薬学部での製薬体験

インプットとアウトプットの自分探し学習

東邦大東邦で取り組んでいる「自分探し学習」においては、知識を覚えるだけでなく、覚えた知識を表現するアウトプットも考えられています。「読書マラソン」、「英文絵日記」、「社会科博士号」などといった試みも、外へ向けて表現していくことで、ただ覚えるだけでは気が付かなかった、新しい発見やさらなる興味関心につながっていきます。

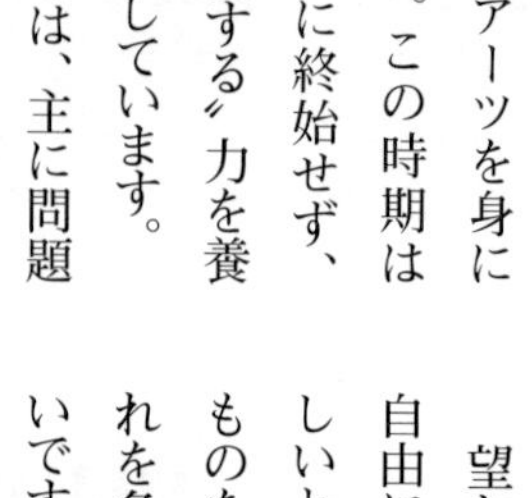

読書マラソンノート。感想などを記録することで、語彙力や表現力を身に付けます。

東邦大学付属東邦中学校
OGリポート

東邦発、“自分探しに夢中の日々”

廣実 ゆかりさん 筑波大学大学院 修士1年

何かに“熱中”できる学校

東邦の第一印象はやっぱり広いこと、それに生徒が多いので友達もたくさんできると思いました。親も、校舎が広くて部活に打ち込めるだろうと勧めてくれたので、入学しました。実際に入学してからは人数だけでなく、色んなタイプの人がいる学校だなと感じました。

学校生活で一番熱中したのは部活動です。中学3年間はテレビドラマに刺激されバレーボール部に入部し、高校時はハンドボールの顧問をしている体育の先生に誘われてハンドボール部に入りました。全国大会にも出場するくらい強い部で、私が所属していた時も県大会2位まで行きました。ハンドボールは格闘技のような激しさがあって、初めはそれに苦労しましたね。また、副キャプテンも任されましたが、皆を引っ張ると言うより、常に目を配り、悩みを聞く調整役でした。あと、人に言う前に自分で何とかする姿勢を心掛けました。

東邦のいいところは、どんな人もこの学校を楽しめることだと思います。私のような体育会系だけでなく、どの子にも友達がたくさんいて仲がいいんです。それに、自由に何でもさせてくれる校風があって、部活動によらず、皆が学校生活を楽しんでいます。

ハンドボールに熱中、ヘルスフィットネスに感激

大学受験を意識したのは高2の時です。私はハンドボールを続けたくて、ハンドボール部の強い大学を志望して、最終的に筑波大学の体育専門学群を選びました。受験勉強は主にセンター試験対策でしたが、2次試験で実技2科目と保健の論述があって、実技はハンドボールとソフトボールを選択したので、その準備に野球部の先生にお世話になりました。

筑波大学のハンドボール部は全国レベルの強豪大学で、入部してまず高速のパスをキャッチすることから必死でした。練習もかなりハードで、特に大学1年生の時は、週1日のオフ以外は、朝の走り込み、1〜5限の授業、放課後の練習と、フル回転の日々が続き、大変でした。でも充実していて楽しく、4年生の11月までハンドボールを続けていました。

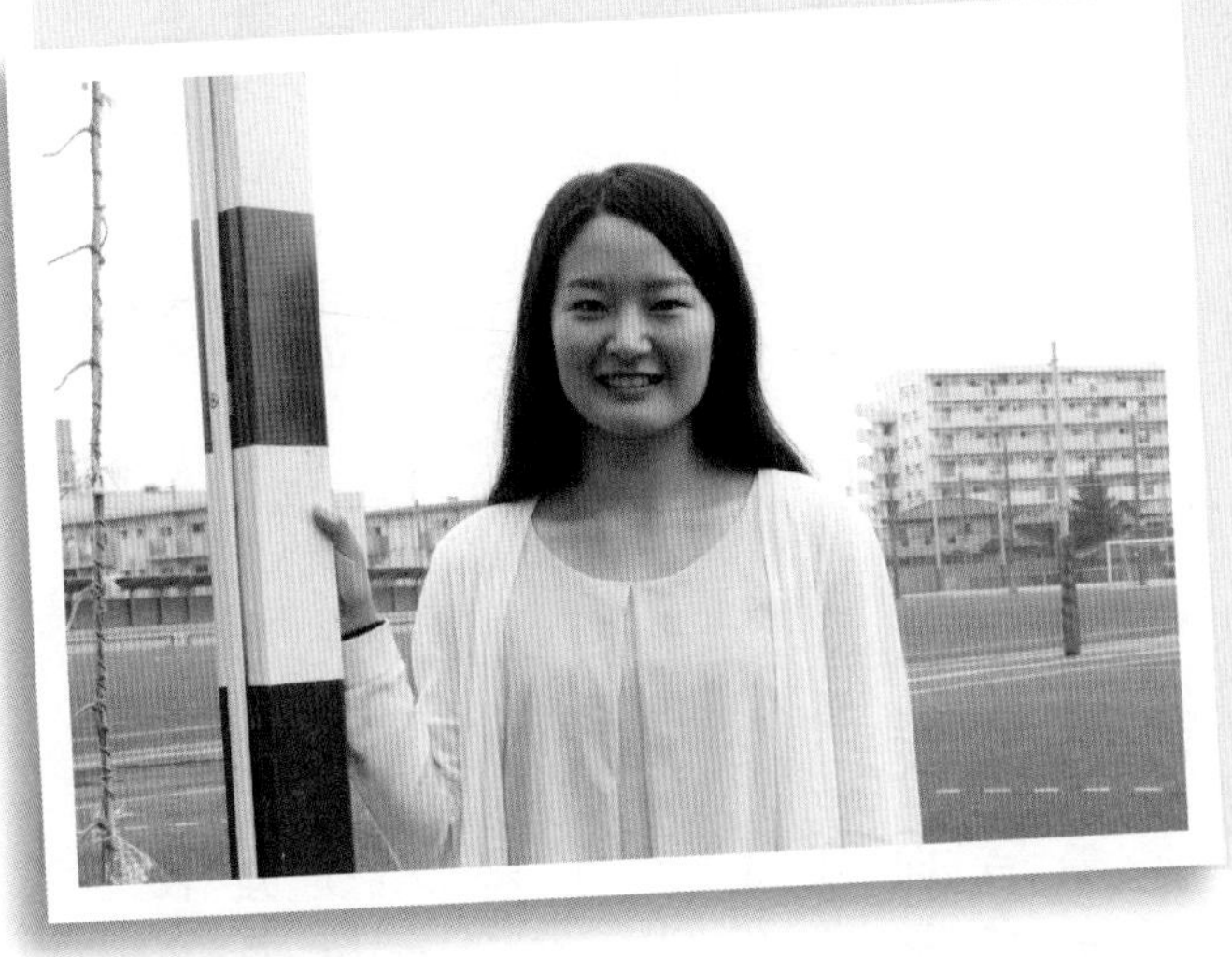

勉強の方は大学院に進み、現在はヘルスフィットネスの分野で睡眠と運動の研究をし、「アスリートのパフォーマンス向上のための効果的な睡眠」をテーマにしている研究室に所属しています。寝ることは好きだったし、その研究室に入る前に、人間の日常生活におけるエネルギー代謝を24時間計測できる「ヒューマンカロリーメーター」という実験施設を見学して感激し、興味を持ちました。

今も続く東邦の精神《おしえ》

ただ将来、この研究をずっと続けるとまでは考えていません。就職という意味では元々、保健体育の教師が志望でした。体育は好きだったし、ハンドボール部へ誘ってくれた先生の姿に憧れたこともあります。実は、東邦で教育実習をしたんですよ！高校のクラスを受け持ちましたが、ハンドボール部で少し中学生の面倒も見させてもらって、とっても楽しかったんです。でもその楽しさも、東邦だったからこそだと思います。

ハンドボールも完全燃焼したし今の勉強も大学院で区切るつもりなので、これまで夢中になったことでやり残したことは感じていません。ただ、大学以降は勉強とハンドボール漬けだったので、世間の空気にあまり触れられなかったことに少し思い残しがあって、今は企業のインターンに参加しています。

機会があれば、企業を経験した上で改めて教職に就く道もあると思っています。迷うと大変ですが、色々な視点で様々な経験が出来るのは楽しいし、どんな進路を選んでも自分に銘じているのは“仕事を通じて自分を高めていきたい”ということです。それを軸に、東邦で始めた私の自分探しの旅は、今も続いています。

SCHOOL DATA

東邦大学付属東邦中学校

〒275-8511
千葉県習志野市泉町2-1-37
TEL. 047-472-8191
京成本線「京成大久保駅」より徒歩10分
JR総武線「津田沼駅」よりバス15分
京成バス「東邦大付属東邦中学・高校前」下車

広々としたキャンパス、充実した設備

天体望遠鏡

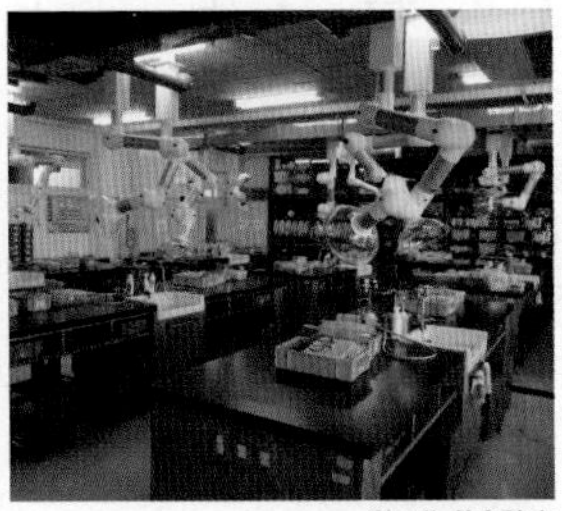

第1化学実験室

中高合わせて9つの理科実験室があり、運動設備としては、メイングラウンド、野球場やハンドボールコート、第一と第二体育館があり、また、カフェテリアや特別演習室、天体観測室のあるセミナー館などがあります。約51,000㎡のキャンパス内で、生徒たちは各自何かに熱中し、充実した毎日を過ごしているそうです。

Close up!!

クローズアップ!!

立教女学院中学校

ST. MARGARET'S Junior High School

東京都｜杉並区｜女子校

広い視野を持ち自分らしく生きる力を

140年にも及ぶ長い歴史のなかで、創立から変わらず社会で活躍できる女性を育ててきたのが立教女学院中学校です。高い学力と、キリスト教の信仰に基づく他者を思いやれる優れた人格を兼ね備えた人材を輩出し続けています。

SCHOOL DATA

所在地
東京都杉並区久我山4-29-60

アクセス
京王井の頭線「三鷹台駅」徒歩1分、JR中央線「西荻窪駅」バス

生徒数
女子のみ592名

TEL
03-3334-5103

URL
http://hs.rikkyojogakuin.ac.jp/

田部井《たべい》 善郎《よしろう》　校長先生

【Q】御校での学びをとおして、どのような生徒を育てたいとお考えでしょうか。

【田部井先生】ひと言で言うと、自立・自律した女性です。自分らしく生きていける、そして他者のために生きていける、そういう女性をひとりでも多く育てたいと考えています。また、日本から世界を見るのではなく、世界から日本を見るような視点を持てる生徒も育てたいと思います。

【Q】そのために御校で重視されている教育内容とはどのようなものなのでしょうか。

【田部井先生】ひとつは広い視野を持つことです。キリスト教の教えのもとにつくられた昔からある学校は、出発点に異文化があるので、新しいものを学び取っていくこと、それを教えていくことが学校の原点にあります。

もともと国際的な感覚があったわけですから、現代であってもそうした視野は持ってもらいたいということで、国際理解教育を様々な機会に行っています。語学も必要ですから、それもきちんとやっています。

もうひとつは、これも建学以来のことですが、高い教養を身につけるということです。中高の6年間というスパンがあるので、中学校では基礎を広く勉強し、そのうえで高校では自分の関心のあるものをさらに勉強していく。それは、将来自分がどういう仕事をするか、どういうキャリアプラン、人生プランを立てるかということを見据えた、そういう勉強です。この部分では、本校の特色であるARE学習はアクティブラーニングの典型のようなものですが、自分でテーマを探して(Ask)、自分で調べて(Reserch)、まとめて他者に向けて発表する(Express)というプログラムをとおして主体的に勉強する姿勢を養っています。

【Q】御校を志望される受験生や保護者のみなさんへメッセージをお願いします。

【田部井先生】受験勉強はどうしても受け身になる部分もありますが、そこで培ったものを、中学校に入ったら自分で活かしていかなければなりません。ですから、小学生のうちから、どこか頭の隅で自分で勉強する、自分で何かに興味関心を持つということをしてもらいたいなと思います。自分で何かに対して興味関心を持っていれば、それはどんどん広がっていきますから。

保護者のみなさんには、本校がどんな学校なのかということを、こうした記事や学校説明会などを通じて知っていただいたうえでお嬢さんを託していただければ、私たちも大変うれしく思います。

日本でも有数の歴史を誇る女子校

1877年（明治10年）に米国聖公会から派遣された日本最初のプロテスタント宣教師チャニング・M・ウィリアムズによって設立された立教女学校を基とする立教女学院中学校（以下、立教女学院）。2017年（平成29年）に学院創立140周年を迎える伝統を誇る女子校です。創立以来、人格に優れ、高い教養を身につけた女性を育ててきました。

そんな立教女学院の教育目標は「他者に奉仕できる人間になる」「知的で品格のある人間になる」「自由と規律を重んじる人間になる」「世の中に流されない凛とした人間になる」「平和をつくり出し、発信する人間になる」の5つです。この5つの教育目標を達成するために、中高6年間のなかで多種多様な学びの場面が用意されています。

学習面においては、中学の3年間で各教科の今後の基礎となる知識を学んでいきます。

さらに国語・数学・英語・理科は中3から高校の先取り授業を実施。高校では生徒の希望進路実現のために、高2から3つのコースを設けてきめ細かく対応しています。

3つのコースはそれぞれ「理系コース」（立教大理学部推薦希望者を含む理系進学希望者）、「文Ⅰコース」（立教大を除く文系進学希望者）、「文Ⅱコース」（立教大推薦希望者、芸術系大学等進学希望者）で、コースごとに別クラスに分かれるのではなく、ホームルームはコースに関係なく編成されており、選択授業の際に各教室に移動する形です。

勉強と人格形成の両輪を身につけることが肝要

進路は、創立者を同じくする立教大への推薦進学（2016年3月卒業生は57・2％）を含め、文系・理系・芸術系など、実に多彩。生徒それぞれがどんな道に進むべきかという進路指導については、勉強面とともに人格形成の面も重視

校舎・施設

京王井の頭線の三鷹台駅を降りてすぐというアクセス至便の地にありながら、豊かな緑に囲まれたキャンパスには、趣のある校舎や充実した体育施設を備え、他校とはひと味違う独自の雰囲気があります。

交通至便ながら緑も豊か

高校校舎と中庭

テニスコートと校庭

UVカット膜屋根付室内25mプール

体育館・メインアリーナ

図書館

聖マーガレット礼拝堂

異文化交流の機会がたくさん

姉妹校クイーンマーガレットカレッジ（ニュージーランド）に、チリのセントマーガレット（赤い制服）と立教女学院生が集う

カリフォルニア大デービス校への短期留学プログラム

フィリピン・短期交換留学

ニュージーランドへの長期交換留学で、ミュージカルにも出演

サマーイングリッシュプログラム（中1・2）

エンパワーメントプログラム（中3・高1・高2）

国際理解教育

立教女学院では、希望制の様々な国際交流プログラムが用意されています。

アメリカ、ニュージーランドの長期・短期交換留学生と音楽室で

しています。

具体的には、毎日の礼拝で内面を省みることに始まり、中1、中2、高1、高3で実施されるキャンプログラム、中3、高2の修学旅行、30年以上続く土曜集会プログラム（講演会、音楽鑑賞、映画鑑賞、校外見学プログラムなど）、国際理解教育、学校行事、生徒会活動などをとおして、「自分の将来をどう生きるか」ということを考えさせます。

キャンププログラムは、各学年で異なったテーマが設定され、中1であれば「友達の輪を広げよう」として、礼拝、ハイキングなどから、他者との会話や相互理解などをはかります。修学旅行は中3で長崎を、高2で沖縄を訪れ、平和学習を中心に学びを深めます。

また、国際理解教育は、姉妹校との交換留学（フィリピンへの短期留学、ニュージーランドへの短期・長期留学、アメリカへの長期留学）、ユースプログラム（アメリカ・カリフォルニア大デービス校への短期留学）、学内でのサマーイングリッシュプログラム、エンパワーメントプログラムなどがあり、ほかにも校内には常にネイティブスピーカーの教員や交換留学中の外国人生徒がいたりと、異文化に触れる機会は豊富です。

国際理解教育を深めるにあたっては語

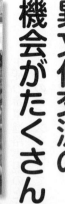

学力も大切であり、そのための英語教育も充実しています。理解度に応じた習熟度別授業や、ネイティブスピーカーによる授業が毎週あり、「読む・書く・聞く・話す」という4技能については、以前からバランスよくそれぞれを高める授業が行われてきました。今年からはＴＯＥＩＣの４技能試験も校内で実施しています。

学校行事は立教女学院にとって欠かすことのできないものです。前述の宿泊行事以外にも、体育祭やマーガレット祭（文化祭）、合唱交歓会、ニューイヤーコンサート、中学校スキー学校といった行事が目白押しで、体育祭やマーガレット祭などは生徒が中心となって運営・実施します。行事ごとに仲間とともに試行錯誤することで得られるものは多く、また、後輩は先輩の姿を見て憧れを抱き、先輩は後輩を導くために努力するというサイクルができています。

立教大への進学者が一定数いることもあり、「進学校」のイメージはあまりないかもしれませんが、実際には多彩な卒業生を世に送り出してきました。ここまで見てきたように、学力と人間力を両輪として高いレベルで培い、社会に貢献する女性を育成していることが、立教女学院中学校の確かな強みなのです。

生徒の成長の場となる 多彩な学校行事

修学旅行（中3、平戸・長崎）

部活動・ダンス部（全国大会）

部活動・バスケットボール部

学校行事

学年ごとにある宿泊行事や、生徒が中心となって運営する体育祭、マーガレット祭など、多くの学校行事は、ここでしか得られない貴重な体験の場となります。

クリスマス礼拝

キャンププログラム（高1）

中学校スキー学校

毎朝の礼拝

マーガレット祭（文化祭）

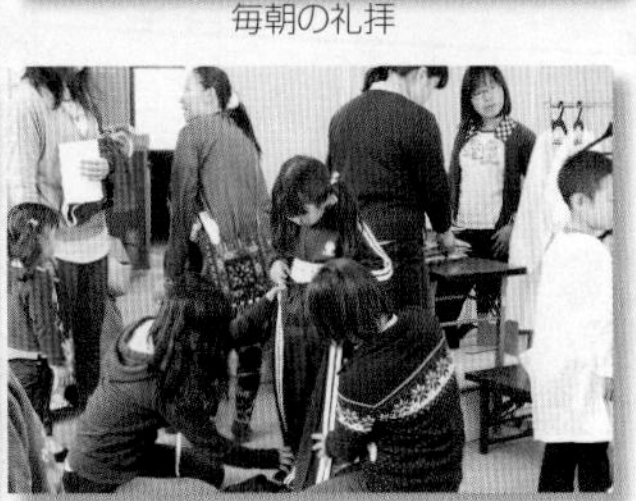
宮城県・南三陸町でのボランティア

体育祭

入試情報

2017年度（平成29年度）募集要項

	一般生	帰国生
出願期間	1月20～23日	12月1～8日
試験日	1月28日（面接） 2月1日（筆記）	12月22日 （試験及び面接）
募集人数	約110名	約20名
合格発表	2月1日	12月22日

試験科目　一般生：国語・算数（各90点）、社会・理科（各60点）、帰国生：国語・算数（各40点）、日本語の作文（20点）

東京都立武蔵高等学校附属中学校

中高一貫で育てる 国際社会に貢献できる 知性豊かなリーダー

伝統ある都立武蔵高等学校の附属校として、2008年（平成20年）に産声をあげた附属中学校は、中高一貫の6年間を有効に使ったカリキュラムと進路指導で未来のリーダーを育てます。

幅広い教養教育で未来のリーダーを育成

東京都立武蔵高等学校に附属中学校（以下、武蔵中）が設置されたのは２００８年度（平成20年度）です。今年、３期生が卒業しました。教育理念として、幅広い教養教育の上に問題解決能力を育成することを掲げています。また、都立武蔵高の理念を継承する形で「豊かな知性と感性」「健康な心と体」「向上進取の精神」の３つを教育目標としています。

武蔵中では、こうした教育理念と教育目標のもとで、「国際社会に貢献できる知性豊かなリーダー」の育成が目指されています。

高橋《たかはし》 豊《ゆたか》 校長先生

「『豊かな知性と感性』『健康な心と体』『向上進取の精神』の3つを教育目標としています」

併設型の中高一貫校である武蔵中では、高校と連動して年間行事が組まれています。また、中・高ともに発展的学習を取り入れ、上位学年の内容を先取り学習します。例えば数学などでは、高２の２学期でおおむね２年の内容を終え、３学期から高３の分野や問題演習に入ります。

授業では、将来の難関大学進学にも対応した教養教育を進めています。実践的かつ発展的な内容を多く取り入れるとともに、地球規模の環境問題や社会問題を考える「地球学」という講座を設定している点が特徴です。

「地球学」は総合的な学習の時間を使い３年間行われます。自然・人間・社会にかかわる内容を総合的に扱い、様々な問題への解決法を学びます。中１は基礎講座として講義形式が中心です。中２でグループ研究となり、ディベート形式の学習に取り組むこともあります。中３は、これまでの学習をふまえて個人で研究テーマを設定します。例えば、近隣の雑木林での生物観察や、魚の解剖など、いろいろな物事を教材にして学んでいきます。そして中３の３月には、集大成として「地球学発表会」が行われます。

習熟度別授業や補習などきめ細かな学習指導

武蔵中での学びについて、さらに具体的にみていきましょう。

クラス編成は、中学では１学年３クラス、高校からは２クラス分の生徒が新たに加わります。

高１では、中入生と高入生は別クラスです。中入生の学習進度が早いため、高１の１年間はカリキュラムが分かれています。高２で

School Information

東京都立武蔵高等学校附属中学校

所在地：東京都武蔵野市境4-13-28
アクセス：JR中央線・西武多摩川線「武蔵境駅」徒歩10分、西武新宿線「田無駅」・西武池袋線「ひばりヶ丘駅」バス
生徒数：男子190名、女子168名
ＴＥＬ：0422-51-4554
ＨＰ：http://www.musashi-fuzoku-c.metro.tokyo.jp/

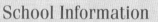

は混合クラスとなり、高3からは類系制の選択科目が設定され、文系・理系に分かれていきます。

習熟度別授業や補習など、きめ細かな指導も魅力です。中学校の各学年で、国語と数学、英語の一部で少人数の習熟度別授業を実施。補習は定期考査や小テスト後に行われます。また、毎朝始業前の10分間には朝学習・朝読書にも取り組みます。

「本校では『学習ポートフォリオ』というものを使い、これに基づいた各単元ごとの水準を教師が各生徒にしめしています。定期考査でクリアできなかった場合には、課題や補習などで学習のつまずきをできるだけ速やかに補充指導しています」（高橋豊校長先生）

土曜日は隔週で授業があります。その時間に行われる土曜講習は、高校の教師が中学生に教えるなど様々な形式があり、中学での学習を発展させた内容となっています。

また、夏休みには国・数・英の夏期講習が組まれています。

「中3生には、中だるみを防ぐ目的で、夏休みに課題テストも兼ねて外部の模擬試験を行っています。高校から入ってくる生徒がどのくらいのレベルの問題を乗り越えてきているかを実感してもらうのと、学年としてどのあたりの学習が足りないかを確認し、後期でその部分をフォローしていくためというふたつの意味があります」（高橋校長先生）

キャリアデザインは6年を3段階に分ける

進路・進学指導も充実しています。高橋校長先生は、「本校としては、授業や行事など全てがキャリア教育につながっていると考えているのですが、具体的な進路指導としては、6年間を『基礎力養成期』（中1・中2）、『充実期』（中3・高1）、『発展期』（高2・高3）の3つに分けてキャリアデザインを行っていきます」と語ります。

武蔵中では、まず「基礎力養成期」から「進路ポートフォリオ」を作成し、6年間様々な機会に活用していきます。また、職業調べ、職場体験、「結い」農業体験、キャンパス訪問など、自分の興味・関心はどこにあるかを探ります。

「充実期」は、蓄積されたポートフォリオを活用し、大学教授や企業人、卒業生などを招く進路講演会、大学キャンパス訪問などを通じて自分の得意分野を確認したり、大学や学部について知識を深めていきます。そして「発展期」では、それまでの4年間をもとに、進路を選び取っていきます。

「そのほか、専門講師による進路ガイダンスや模擬試験とその分析会、勉強合宿（ウィンターセミナー）、大学入試センター試験対策などを行い、生徒が希望する進路を選び取れるようサポートします。近年、国公立大や難関私立大への合格実績が大きく伸びているのは、こういった取り組みの成果だと思います」（高橋校長先生）

中・高合同の3大行事 部活動も非常に盛ん

学校行事では、「武蔵祭」と呼ばれる3大行事があります。第1は音楽祭です。中高合同で、中1は全員で校歌を歌い、中2からはクラス対抗で歌います。

ICTを用いた化学実験授業

中学地学巡検

第2は文化祭です。中学は学習成果の発表を行っています。中1はサマーキャンプ、中2は農家に宿泊して田植えなどの農作業体験をする「結い」農業体験、中3は修学旅行の事前学習や職場体験の成果を発表します。

第3は体育祭です。こちらも中高合同で、中学生と高校生が相談しながらつくりあげる行事です。

部活動も非常に盛んで、兼部を含めて中・高ともに加入率が100%を超えています。

最後に、受検生へのメッセージを高橋校長先生に伺いました。

音楽の授業

「適性検査というのは、小学校での日常の学習をもとに、そのうえで、図表などの資料から読み取ったことを自分の考えとして筋道立てて表現する問題が多いので、まず小学校の勉強を大切にしてください。日常で図表などの資料を見た時には、そこから自分の考えを書いて表現してみましょう。

本校には、好奇心旺盛《おうせい》で人や世の中のことを考えようとする生徒さんに来ていただきたいですね。普段からいろいろなことを考える習慣をつけてみてください」（高橋校長先生）

体育祭

Check!

入試情報

2017年度（平成29年度入学生募集）

募集区分
一般枠

募集定員
男子60名、女子60名※

入学願書受付
1月11日（水）～17日（火）

検査実施日
2月3日（金）

合格発表日
2月9日（木）

検査内容
適性検査Ⅰ、適性検査Ⅱ、適性検査Ⅲ、報告書

適性検査の傾向
適性検査Ⅰは読解問題と440字以内で論理的な文章をつくる力をみる作文です。適性検査Ⅱは資料を分析し考察する力、論理的な思考力や表現力をみる出題でした。独自の適性検査Ⅲはリーダーに必要な計画力、問題解決力などをみる内容ですが、算数と理科の視点を試される問題といえます。

※募集定員は昨年度の情報です

のぞいてみよう となりの学校

麗澤《れいたく》中学校

昨年から始動したふたつのコース制が注目を集めている麗澤中学校。「地球規模で高い能力を発揮する人材」を輩出するために、これまでの教育をベースとしながら、さらに「5つの力」を伸ばす教育を展開しています。その教育内容、そして、新しいコースの特徴とはどのようなものなのでしょうか。

School Data

所在地　千葉県柏市光ヶ丘2-1-1
アクセス　JR常磐線「南柏駅」バス
生徒数　男子191名、女子238名
ＴＥＬ　04-7173-3700
ＵＲＬ　http://www.hs.reitaku.jp/

本物の「叡智」を育む ふたつの新コース

1935年（昭和10年）に開かれた道徳科学専攻塾を礎とする麗澤中学校・高等学校（以下、麗澤）。中学の開校は2002年（平成14年）。今年、15期生を迎えています。

「中学開校から10年以上が経ち、今まで培ってきた教育のもう一段階上に挑戦したいと思いました」と森川嘉之教頭先生が話されるように、2015年（平成27年）から、東京大を目指して6年一貫教育を行う「アドバンスト叡智《えいち》コース（以下、AEコース）」と、多様な進路に対応する「エッセンシャル叡智コース」（以下、EEコース）の2コース制になりました。AEコースは1学年1クラスのみ、EEコースは3クラス設置されています。

新コースがスタートした麗澤は、学校に根づく「知徳一体」の教えを大切にしながら、グローバル社会で活躍するために必要な5つの力を育んでいます。その力は、英語の頭文字がそれぞれLであることから「5L」と呼ばれています。まずはその5Lについてみていきましょう。

5Lを備えグローバル社会で活躍する人材へ

ひとつ目のLはLanguage（英語力）です。麗澤では、従来から日本人教員とネイティブ・スピーカーの教員のチームティーチング、かつ、オールイングリッシュで英語の授業を進めてきました。開校以来重視してきた「発信力」を伸ばす教育の成果は、中3のGTEC（ライティング部門）の学年平均スコアが、全国

英語

楽しみながら英語を学ぶ生徒たち

の高3の平均スコアを大きく上回るなど、目に見えて現れています。

「AEコースでは、これまで本校で展開してきた英語教育の強味を継承しながら、教材に語彙《ごい》力・文法力の強化に定評のある『New Treasure』を採用し、週6時間のうち4時間は『New Treasure』を使用した文法ベースの授業、2時間はコミュニケーション中心の授業を行っています。

AEコースの1学期の授業がスムーズに進み、時間に余裕が出てきました。そこで、夏休み中の特別講座の際に、1学期に学んだことを活かして何か面白いことはできないかとネイティブ・スピーカーの教員に相談したところ、『かき氷ショップ』を開いてくれました。もちろん、かき氷のつくり方や注文も英語で行います。こうした実践的かつ楽しい取り組みは学期中にはなかなか実行できないものですが、発信力や実践力の養成にもつながると感じています」（AEコース中1担任・英語科・林大輔先生）

言語技術

ディスカッションを中心に進める言語技術の授業

プレゼンテーションも行います

ふたつ目のL、Logical Thinking（論理的思考力）は、独自の教科「言語技術」で養います。欧米の国語教育の柱である「Language Arts」をもとに開発された教科で、論理的に物事を考え、論理的に説明する力を鍛えていきます。授業は全てディスカッション形式で進むのが特徴です。

議論の基礎技術となるのは、「問答ゲーム」です。質問に対して、まず自分の主張を述べ、その根拠をしめし、最終的にそれらをまとめる。この流れを、描写説明や絵・写真のメッセージの分析など、いろいろなテーマで実践していくことで、最終的に自分の考えを論理的にまとめた小論文を書く力も身につきます。

言語技術の授業は、毎年改良が重ねられています。特に6年前からは、毎年、言語技術教育の本場アメリカで言語技術を教えているホーガー先生が麗澤を訪れ、授業観察後にアドバイスをくれるようになったのです。自ら教壇に立ってくれることもあるそうです。また、麗澤の言語技術科の先生もアメリカを訪れて現地の教育を学んでいます。

言語技術で学んだことは、そのほかの教科でも活かされています。言語技術を学んだ一貫生と、学んでいない高入生を比べてみると、学習効果がよくわかるそうです。

そして、3つ目のLiberal Arts（教養）、4つ目のLiteracy（情報活用力）、5つ目のLeadership（リーダーシップ）は、様々な体験型学習や行事、朝読書をはじめとする日々の学校生活のなかで培っていきます。

体験型学習

大自然とふれあう中1のフィールドワーク

中2では、関西の神社仏閣を訪れます

中3のイギリス研修では、現地の生徒とも交流します

AEコースの取り組み

少人数制の英語の授業のようす

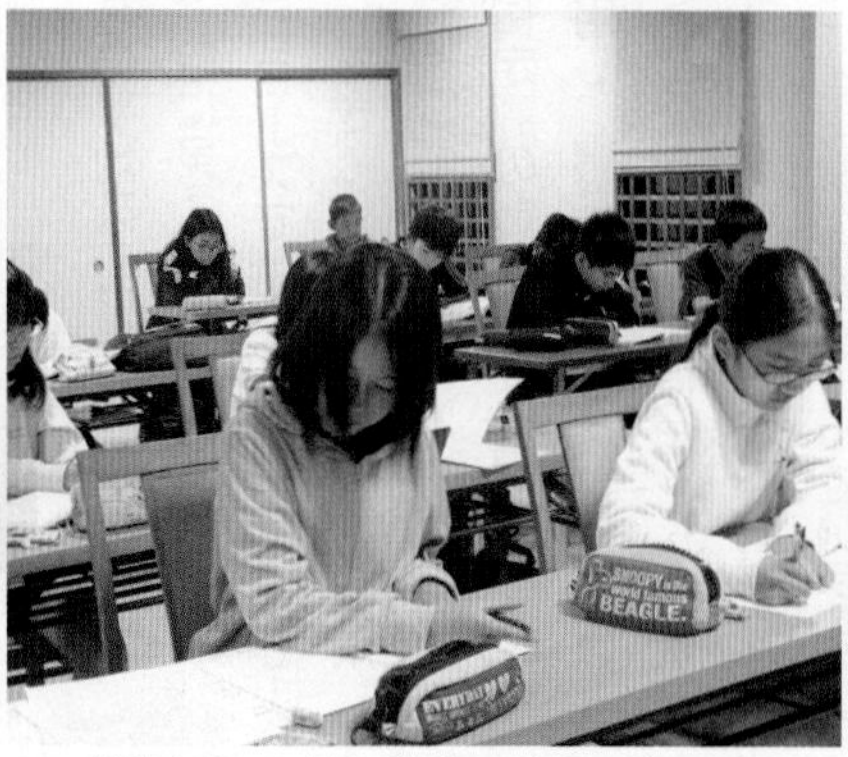

勉強合宿では全員が集中して自習に臨みます

「Lアワー」の一環でクラスメイトと囲碁の対局

体験型学習は、中1では群馬県・奥利根の「水源の森」でのフィールドワーク、中2では京都、奈良、伊勢などの歴史的名所をめぐる「関西研修」を実施し、日本の歴史・文化について理解を深めます。中3では集大成として約2週間の「イギリス研修」があり、世界に視野を広げることができます。

林先生は、「5つのLは本校の大きな特徴だと思います。これからもそれらを伸ばすプログラムを提供できるよう、教員一同奮闘していきたいです」と語られました。

ふたつのコース それぞれの魅力とは

AEコースは、一人ひとりにきめ細かく対応するため、1クラス30名体制をとっています。6年一貫教育で、原則としてクラス替えはありません。数学と英語の授業ではクラスを2分割した少人数制授業を実施し、年に2回、自学自習の習慣が身につくと好評な「勉強合宿」も行っています。

また、週に1時間「Lアワー」を設定しています。5つの力をさらに高め、将来役立つ力を身につけるために言語技術を応用したプログラム、囲碁、クエストエデュケーション（企業型体験プログラム）など、多様な取り組みに挑戦しています。

「日本棋院のプロの方に一から囲碁を教えてもらいました。ルールや歴史などを学びながら対局もして、最終的に6名が千葉県の大会に出場しました。囲碁は、全体像を把握する力や情報を読み取って先を読む力などが必要です。教養も身につきますし、楽しみながら手と頭を使う最適な企画だと思います。

クエストエデュケーションは、企業が出した課題にチームで取り組むプログラムです。これも教養や情報活用力が必要になってきますし、各々がリーダーシップを発揮すればするほどうまくいくと感じています。今後はディベートなどを行う予定です」（AEコース中2担任・数学科・室谷康生先生）

一方、EEコースは高2から高入生と混合クラスになり、難関国公立大志望の「TKコース」（文系・理系）、難関私立・国公立大志望の「SKコース」（文系・理系）、難関私立大文系・海外大学志望の「ILコース」に分かれ、それぞれの希望進路を目指すことができます。

EEコースには特定の科目を得意とする生徒が多く、そうした生徒のために、次のような魅力的なプログラムが用意されています。

例えば、英語を学校外で使いたいという意欲のある生徒を募り、浅草で外国人観光客にインタビューを行いました。浅草訪問前には麗澤に在籍するネイティブ・スピーカーの教員とインタビューの練習をし、訪問後はインタビューの内容を一人ひとり工夫したポスターにまとめ、校内に掲示しました。企画を楽しむだけではなく、事前、事後学習もきちんと指導するのが麗澤の教育です。

数学が得意な子には、数学オリンピックや、大学入試などの難度の高い問題に取り組む機会を与えています。「難問に取り組む気概のある生

EEコースの取り組み

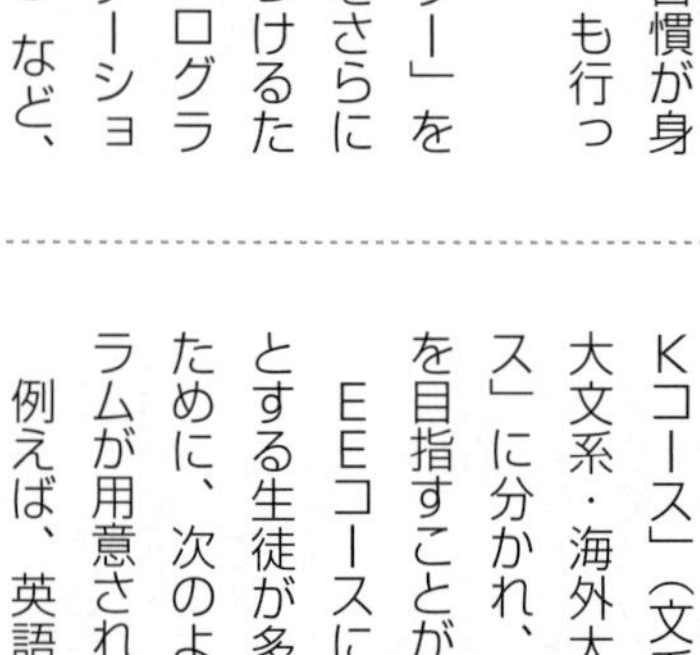

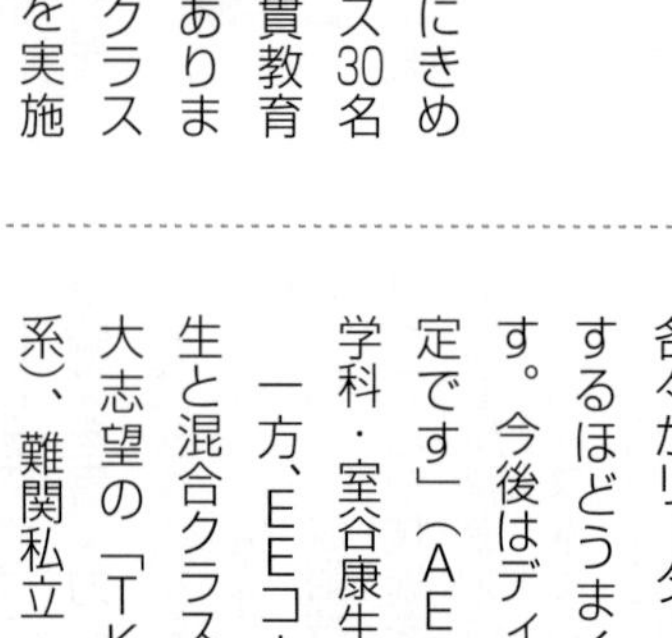

どの生徒もニコニコと楽しそうな雰囲気で、浅草を訪れた外国人にインタビューしています

それぞれのよさが光る各コースのカリキュラム

アドバンスト叡智コース（AEコース）

中1	国語	言語技術	社会（地理）	代数	幾何	理科	音楽	美術	保健体育	技術家庭	英語	道徳	LHR	自分プロジェクト	Lアワー	計
	5	1	3	3	3	4	1	1	3	2	6	1	1	1	1	36

中2	国語	言語技術	社会（歴史）	代数	幾何	理科	音楽	美術	保健体育	技術家庭	英語	道徳	LHR	自分プロジェクト	Lアワー	計
	5	1	4	3	2	4	1	1	3	2	6	1	1	1	1	36

中3	国語	言語技術	社会（歴史）	政治経済	代数	幾何	理科	生物基礎	音楽	美術	保健体育	技術家庭	英語	道徳	LHR	自分プロジェクト	Lアワー	計
	5	1	2	2	3	3	2	2	1	1	3	1	6	1	1	1	1	36

※自分プロジェクトは総合的な学習の時間をさす

エッセンシャル叡智コース（EEコース）

中1	国語	言語技術	社会（地理）	代数	幾何	理科	音楽	美術	保健体育	技術家庭	英語	道徳	LHR	自分プロジェクト	計
	5	1	3	3	3	4	1	1	3	2	6	1	1	1	35

中2	国語	言語技術	社会（歴史）	代数	幾何	理科	音楽	美術	保健体育	技術家庭	英語	道徳	LHR	自分プロジェクト	計
	5	1	4	3	2	4	1	1	3	2	6	1	1	1	35

中3	国語	言語技術	社会（公民:3 歴史:1）	代数	幾何	理科	生物基礎	音楽	美術	保健体育	技術家庭	英語	道徳	LHR	自分プロジェクト	計
	5	1	4	3	3	2	2	1	1	3	1	6	1	1	1	35

※自分プロジェクトは総合的な学習の時間をさす

徒に、あらかじめ問題のプリントを渡しておき、週に1回、昼休みの時間を使って解説をしています。AEコースの生徒も参加できますが、95%はEEコースの生徒です」と室谷先生は説明されます。

　このように2コースそれぞれ魅力があるため、どちらを選べばいいのか迷う受験生や保護者も多いそうです。

「偏差値だけをみれば、東京大を目指すAEコースの方が魅力的に見えるでしょう。しかし、こちらは高校になると週2〜3回の放課後の課外講座が必修となるため、部活動の種類によっては、EEコースの方がいいかもしれません。

　また、EEコースは高2でそれぞれのコースに分かれるので、じっくり進路を考える時間が4年間あるわけです。どちらにもそれぞれのよさがありますから、どういう6年間を過ごしたいかをよく考えてほしいです」（森川教頭先生）

　魅力が異なるふたつのコース制で、「5つの力」を育む麗澤中学校。3名の先生方は声をそろえて、「勉強だけに偏らず、人間性や道徳性を大切にした教育を行っていきたい」と話されます。創立以来大切にしてきた「知徳一体」の教えを守りながら、これからもバランスのとれた生徒を育成していくことでしょう。

横須賀学院中学校〈共学校〉

所在地：神奈川県横須賀市稲岡町82
アクセス：京浜急行線「横須賀中央駅」徒歩10分、JR横須賀線「横須賀駅」徒歩18分またはバス
電　話：046-822-3218
U R L：http://www.yokosukagakuin.ac.jp/13junior-hs/junior.html

全員集合

部活に注目！

横須賀学院の美術部では、毎月の課題に取り組みながら、自分の好きなイラストを描くこともできます。部内の活動にとどまらず、行事のパンフレットや学内のポスターなどをつくる際にも活躍しています。

部員同士、アドバイスしあいながらイラストを描いていきます。

横須賀学院中学校《よこすかがくいん》

美術部

中学2年生
副部長
榎田《えのきだ》なごみさん

プロ仕様の画材を使って課題と独自の作品を描く

―美術部の活動について教えてください。

週3日、課題の絵を描いたり、自分の好きな絵を描いたりしています。アニメやマンガのようなイラストを描くことが多いです。

―どのような課題がありますか。

課題は毎月あり、部員全員でまずテーマを考えます。そして、そのテーマのなかで、一人ひとりが何についての絵を描くか決めていきます。例えば8月のテーマは「夏」で、私の課題は「レモンと水色」でした。どんな絵にするかはそれぞれが自由に考えます。私はレモンの飲み物を飲んでいるイラストで、全体に水色を使いました。作品は顧問の先生に提出後、美術部専用の掲示板に貼り出します。

道具

コピックも色鉛筆も、多くの色がそろっています。

作品

部員が好きなキャラクターのイラスト。コピックで色をつけていきます。

美術部専用の掲示板。毎月の課題を貼り出し、部員以外の生徒たちにも見てもらいます。

文化祭で販売しているプラ板作品。部員手づくりなので世界にただひとつのものです。

体育祭の団旗。美術部員が中心となって仕上げた力作です。

行事のパンフレットや学内のポスターなどの絵も美術部員の作品です。

Art club

——文化祭（※）を翌週に控えていますが、どんなことをしますか。

　毎年、作品の展示とプラ板の販売を行っています。プラ板は、プラスチックの板にポスカやマッキーを使ってイラストを描き、レンジで温めると4分の1くらいのサイズに縮むものです。穴を開けてチェーンをとおしたらキーホルダーになります。昨年はほぼ完売しました。目の前で自分の作品を買ってもらえると、とてもうれしいです。また、来場者にもプラ板にイラストを描いてもらうプラ板体験を行っています。そして今年からは缶バッジも販売します。

——ほかにはどのような活動がありますか。

　学校から依頼されて、行事で配られるパンフレットの絵を描いています。私もこれまで、合唱コンクールと自然教室の絵を担当しました。ほかにも昨年は、風紀委員会とコラボして、学内に貼るポスターをつくりました。

　また、部の活動ではありませんが、美術部員は体育祭の団旗を描く係になる人が多いので、その際も中心になって活動します。

——コンクールなどには出品しますか。

　毎年、横須賀市中学校総合体育大会のシンボルマークの募集があるので応募しています。今年は1名、優秀賞に選ばれました。

——美術部の魅力を教えてください。

　部員全員が明るくて、先輩も後輩もとても仲よしです。道具は部にそろっていて、コピックというプロの人が使うようなペンもあります。顧問の先生はアメリカ人で、以前グラフィックデザイナーをしていました。そんな先生から絵のアドバイスもしてもらえます。色使いのセンスが磨かれて、美術の授業にも活かせますよ。

——最後にメッセージをお願いします。

　もし今、自分の描く絵が嫌いという人がいても、続けることによって絶対上達するので描き続けてほしいです。私も中1の時は、絵を描くことは好きだけど、自分の描いた絵がすごく好きというわけではありませんでした。課題のアイディアが浮かばないことや、うまく描けなくなった時期もありました。でも、がんばって描き続けたら最後にはできあがりました。続けていれば成果は出るはずなので、努力し続けることが大事です。

制作風景

先生の指示のもと、機材を使って、部員のイラストを缶バッジにします。

❶

❷

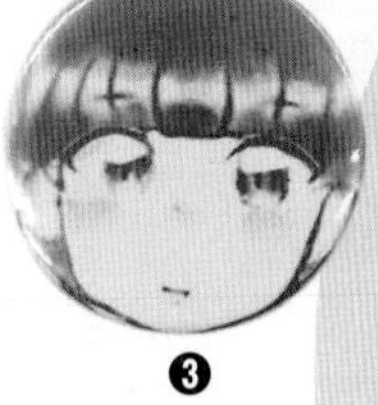

❸

❶はコピック、❷は色鉛筆、❸はパソコンを使って描かれたものです。それぞれに部員の個性が発揮されています。

（※）文化祭は9月22日に実施。既に終了しています。

私学の図書館 vol.28

ただいま貸し出し中

みなさん、読書は好きですか？私学の図書館では毎号、有名私立中学校の先生方から「小学生のみなさんに読んでほしい本」をご紹介いただいています。ぜひ一度、手にとって読んでみてください。

青山学院横浜英和中学校

イギリスやアメリカの不思議で少し怖い物語を集めた短編集です。いずれも日常に潜む小さな違和感が畏れにつながっていく様子が描かれていて、ユーモアや味わいのある上質な文学作品ばかりです。現代の強いホラーとは異なり、ホラーが苦手な人でも楽しめます。
（司書　石井 妙子 先生）

「八月の暑さのなかで ホラー短編集」

編　訳：金原瑞人
価　格：680円＋税
発行元：岩波少年文庫

「ずっとずっと、こんな短編集を作りたくてしょうがなかった」「なんでこんな本を作りたかったかというと、昔から怖い話が大好きだったからだ」という訳者、金原瑞人氏自らが編んだ、英米ホラーのアンソロジー。エドガー・アラン・ポー、サキ、ロード・ダンセイニ、フレドリック・ブラウン、L.P.ハートリー、そしてロアルド・ダールなど、短編の名手たちによる怖くてクールな13話。全編新訳でお届けします。訳者あとがきの愛情あふれる各話解説にもご注目。

ドアを開けるとそこは別世界。領域を超えた大きくて柔らかな知性を育むための図書館です。厳選された約40,000冊の資料、知的好奇心を誘う展示、伝統の家具があり、落ち着いた雰囲気と面白さに満ちています。読みの支援や刺激的な図書館だよりも特徴です。

桐光学園中学校

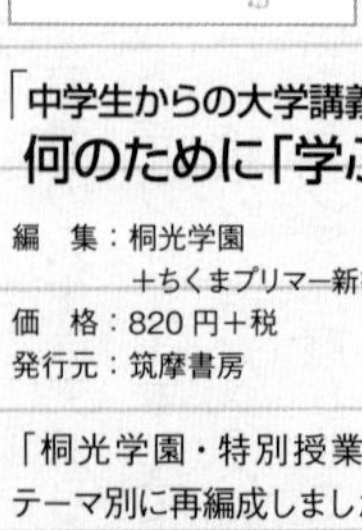

本校では、土曜日4校時に大学の先生方を招き、中学1年生から高校3年生までを対象として講義していただく「大学訪問授業」があります。各分野の第一人者のお話は大変興味深いものですので、少し難しいかもしれませんが、ぜひ挑戦してみてください。
（広報室　国語科教科長　井戸 大 先生）

「中学生からの大学講義 1 何のために「学ぶ」のか」

編　集：桐光学園＋ちくまプリマー新書編集部
価　格：820円＋税
発行元：筑摩書房

「桐光学園・特別授業」を新たにテーマ別に再編成しました。
幅広いジャンルにわたる一流教授陣を迎え、中高生にありのままの講義をしてもらい、生徒たちに本当の学びの意味を知ってもらうための一冊。
これから進路を決めるために中高生や保護者に読んでもらいたい内容です。（全5巻）

本校の図書館には現在約55,000冊があり、生徒のリクエストに応じて毎月100冊が新たに配架されます。20周年記念館のカフェテリアに隣接しています。図書館内には学習室もあり、生徒が個々の学習に集中できるよう、キャレルデスクを備えています。

早稲田大学系属 早稲田実業学校中等部

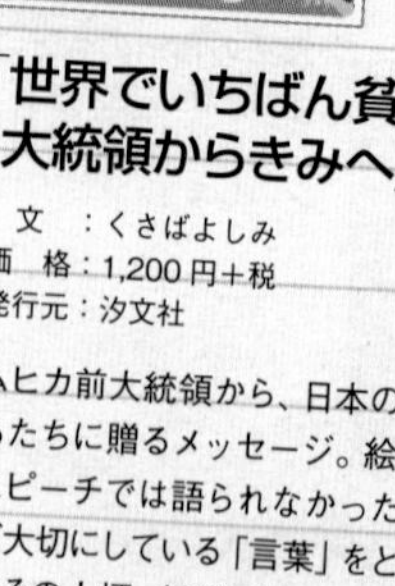

生きるってどんなこと？幸せってなんだろう？2012年の国際会議でのスピーチが話題となったウルグアイ元大統領ホセ・ムヒカ氏のメッセージ集です。
より幸せに生きるために、何をしますか？何をやめますか？何度も繰り返し読んで、考えたくなる1冊です。
（司書　佐藤 美津子 先生）

「世界でいちばん貧しい大統領からきみへ」

文　：くさばよしみ
価　格：1,200円＋税
発行元：汐文社

ムヒカ前大統領から、日本の子どもたちに贈るメッセージ。絵本＝スピーチでは語られなかった、彼が大切にしている「言葉」をとおしてその人柄・哲学があなたの心にしみわたります。イラストたっぷりで10歳から大人まで読めるメッセージブックに仕上げました。

蔵書数は約50,000冊。様々なジャンルの本が揃っています。最新の雑誌・新聞や洋書を集めたコーナー、DVDが見られる設備もあり知的好奇心をくすぐられます。広々とした閲覧室の席数は136。校外教室などの調べ学習に役立つ資料も充実しています。

芝中学校

アニメや漫画を科学的に検証する『空想科学読本』は本校でも大人気。こちらは逆に現実の中で「科学をよそおってはいるが、科学的ではないもの」の本です。もっともらしい話や数字にだまされず正しい知識をもって疑うことの大切さと楽しさを味わってください。
（司書教諭　渡辺 果奈子 先生）

「ニセ科学を10倍楽しむ本」

著　者：山本弘
価　格：950円＋税
発行元：筑摩書房

一見科学的なようで確かな根拠のまったくない"ニセ科学"。「血液型で性格がわかる」「ゲームの影響で凶悪犯罪が起こる」「動物や雲が地震を予知する」「人類は月に行っていない」など、日常生活や教育現場にまで入り込むニセ科学にだまされないために、正しい科学の考え方を会話形式で楽しく学べる、人気ＳＦ作家による科学リテラシー入門。各章に新情報を追記して文庫化。

52,000冊の蔵書と約40誌の雑誌とともにパンダ館長が利用者を出迎えています。知の集積所として生徒・教職員の様々な要求に応えつつ、学年をまたいだコミュニケーションの場としても活用されています。昼休みだけでのべ300名が来館するにぎやかな図書館です。

国府台女子学院中学部

主人公の気弱な少年が、自分勝手な魔法使いの姉に振り回されるのですが、実は彼、とても大きな力を秘めていたのです。読み始めたらのめり込むこと間違いなし、読後が爽快なファンタジー小説。『ハウルの動く城』で知られる、イギリス人作家の代表作です。
（司書教諭　多田 明子 先生）

「大魔法使いクレストマンシー 魔女と暮らせば」

作　：ダイアナ・ウィン・ジョーンズ
絵　：佐竹美保
翻　訳：田中薫子
価　格：1,700円＋税
発行元：徳間書店

両親を亡くしたグウェンドリンとキャットの姉弟はクレストマンシー城に引き取られた。だが野望に満ちた魔女グウェンドリンはクレストマンシーと対立し、魔法でさまざまな嫌がらせをしたあげく失踪。代わりに現れた「姉のそっくりさん」の面倒を見るはめになったキャットは頭を抱え…？めくるめく魔法ファンタジー。

生徒に気軽に立ち寄り利用して欲しいと、図書館は1階玄関正面、教室10室分の広々とした空間に設えました。蔵書は約50,000冊。検索用PC9台の他、ノートPC44台を備え、調べ学習や進路の情報収集、また憩いの場所として、昼休みや放課後、活発に利用されています。

海陽中等教育学校

「チョコレート工場の秘密」のダール作。今年スピルバーグ監督により映画化されました。ある夜 BFG に巨人の国に連れて行かれたソフィー。人間を食糧とする他の巨人から人々を守るための二人の秘策とは？二人のユーモアとウイットが利いた会話を楽しんでください。
（図書館司書　加納 光枝 先生）

「オ・ヤサシ巨人BFG（ロアルド・ダール コレクション11）」

著　者：ロアルド・ダール
翻　訳：中村妙子
価　格：1,400+ 税
発行元：評論社

ある夜、ソフィーは巨人にさらわれた。巨人の名は、オ・ヤサシ巨人BFG。連れていかれたのは、巨人国。恐ろしいことに、巨人たちは、ニンゲンマメ（人間）を好物にしていた。はたして、ソフィーの運命は…？
ソフィーとBFGの、人喰い巨人退治大作戦が始まる！

わが校の図書館は、後が中庭、前は三河湾という景色が良い場所にあります。昼休み、放課後は、100名以上の生徒が個々の目的のため、利用に訪れます。人と人、人と本、本から本へと知識を繋ぐ場所であることをめざしています。

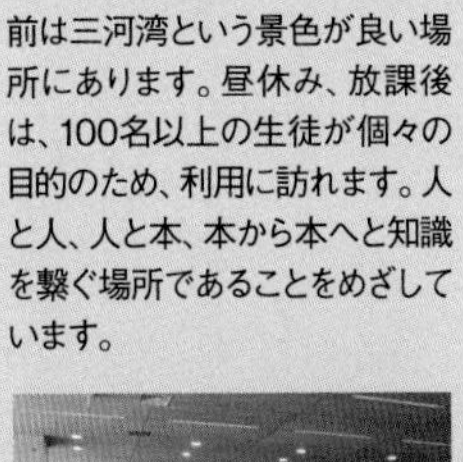

高輪中学校

悩みを持ちながらも懸命に生きていこうとする人間達の希望を描く親しみやすい 11 の短編集です。漢字にふりがながふってありますので読みながら国語の勉強もできます。日本を代表する作家・芥川龍之介の珠玉の短編集をぜひ読んでみてください。
（司書教諭　鈴木 則子 先生）

「くもの糸・杜子春 芥川龍之介作品集」

著　者：芥川龍之介
価　格：560円＋税
発行元：角川つばさ文庫

大どろぼうのカンダタは、くもの糸をたぐって地獄から極楽へのぼっていこうとするけれど！？文豪・芥川龍之介の教科書でおなじみの作品を収録。小学生のうちに一度は読んでおきたい日本の名作がつばさ文庫に登場！

図書室は、本の貸出等が全てパソコンで管理されています。室内は、温かな木目調で統一され、飾られた生徒の芸術作品や植物が心を和ませてくれます。大学受験用資料も充実し、図書委員会主催の体験教室等も行っています。大勢の生徒が訪れる明るい雰囲気です。

創立百二十周年を迎えるのを記念し 京華学園に巨大なフレスコ画が完成

このほど完成したフレスコ壁画、「BACK TO THE FUTURE 120」（京華学園本部キャンパス入口）

京華学園は、来る2017年（平成29年）に創立百二十周年を迎えます。

京華学園には京華中学・高校、京華商業高校、京華女子中学・高校の3校が所属し、学園の建学の精神のもと、各校それぞれが個性を発揮しながら多くの生徒を育み、長い歴史を刻んできました。

京華学園は、学園創立百二十周年に向け、さらに安心・安全な教育環境の整備、多様化する社会の要請に応える教育を実現するため、施設・設備の改修充実、電子黒板、タブレットを導入し、ICT教育にも力を入れています。

男子校・女子校においては、男女別学教育の意義を確かなものとし、併設型中高一貫教育校としてのカリキュラムを推進。商業高校においては、都内唯一の共学私立商業高校として、質の高い実学教育の向上に力を尽くしています。また、3校の生徒間・教職員間の交流も盛んに行われ、3校あるからこそ生まれる、「京華」ならではの新しい魅力が創出され、その存在意義も日常的に発信されるようになっています。

創立百二十周年を機に、さらなる飛躍を遂げようとしている京華学園です。

【丹羽洋介先生】 丹羽先生は1997年から文部省在外研究員としてメキシコの現代壁画とスペインの先史洞窟壁画の研究に携わるなど、以後、長年に渡り壁画研究に尽力している日本を代表するフレスコ画家です。なお、丹羽先生の作品は学園2号館（作品名「時の流れ」）と京華女子中高新館玄関（作品名「永遠の今」）にもフレスコ画が飾られています。

フレスコ画の権威が1カ月半をかけた大作

さて、創立百二十周年記念事業の一環として制作されていたフレスコ壁画が、このほど学園本部のキャンパス入口（1号館側の壁）に完成しました。

富山大学名誉教授の丹羽洋介先生によって制作され、「BACK TO THE FUTURE 120」と名づけられたこのフレスコ画は、縦2・4m、横7・5mもあります。

丹羽洋介先生

絵に向かうと、まず、学園の3校を象徴した3本の梅の大樹に気づきます。梅は花盛りとなっており、木の枝をとおして垣間見えるさまざまな情景に、それぞれの思い出が込められて描かれています。まさに、京華学園の創設から現在までの「時の流れ」が感じられる作品となりました。

作者の丹羽先生は、「満開の梅の香りの中で、学園の伝統が新たな未来へとつながっていくことに思いを込めて制作しました」と話されます。

7月中旬から、じつに1ヵ月半をかけて制作されたこの作品は、学校を訪れた方々を学園の入口で出迎えてくれています。京華学園の新たなシンボルの1つとして、学園の未来を見守ってくれるでしょう。

【フレスコ画】 西洋絵画の技法の1つ。壁などの下地にしっくいを塗り、乾ききらないうちに水に溶かした顔料で描く。壁が乾くとともに、顔料がより鮮やかに定着する。ルネサンス期に盛んに描かれ、ミケランジェロやラファエロの作品が有名。

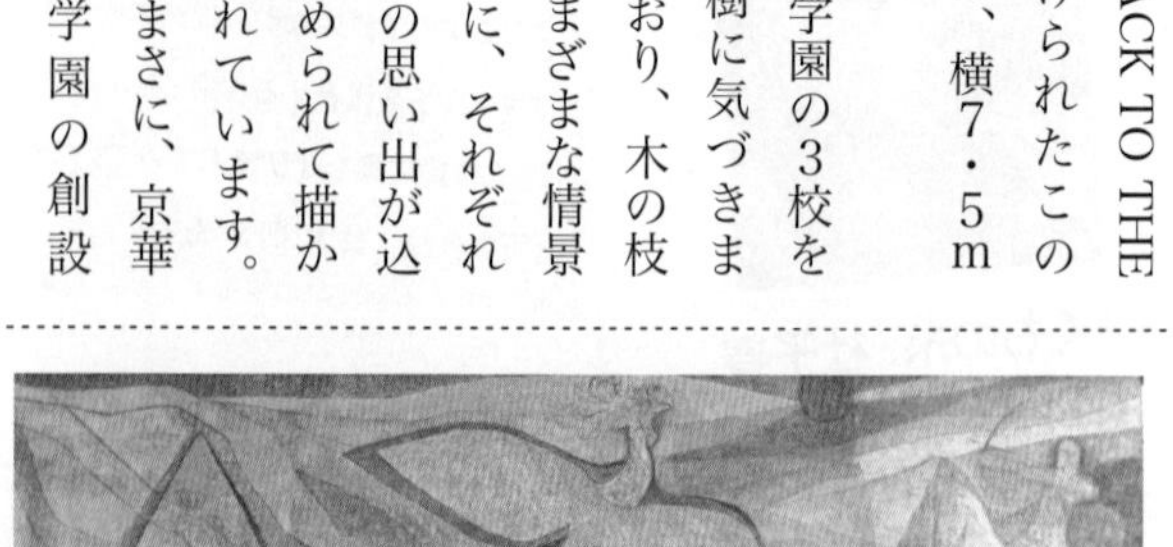

↑「時の流れ」
（京華学園2号館）

←「永遠の今」
（京華女子中高新館玄関）

【京華学園へのアクセス】 〒112-8612 東京都文京区白山5-6-6（都営三田線「白山駅」A1出口徒歩3分、東京メトロ南北線「本駒込駅」1番出口徒歩8分、東京メトロ千代田線「千駄木駅」団子坂出口徒歩18分。見学ご希望の場合は、前もって学園広報室 電話03-3941-6493あてにご連絡ください）

ココロとカラダの特集

身体の成長が著しい小学生。
心のなかも、さまざまに揺れながら伸びようとしています。
ついつい大人の目で見てしまいがちな子どもたちのココロとカラダ。
ちょっと立ち止まってゆったり向かい合ってみませんか。

シリーズ　子どもを伸ばす子育てのヒント 15

子どもに目標を達成させるにはどうすればいいか

的場永紋
まとば・えいもん
臨床心理士。
東京都スクールカウンセラー。
草加市立病院小児科、
越谷心理支援センターでも
心理相談を行っている。

　目標を決めたら、それに向けて着実に進んで行き、しっかり目標を達成できる子もいれば、毎日やるべきことを先延ばしにしたり、途中で挫折してしまい、いっこうに目標に近づかない子もいます。この違いは子どもの性格や資質によるのでしょうか。必ずしも、そうとは言えません。心理学にはうまくいくための心理を分析するポジティブ心理学という分野があり、「目標を達成し成功している人と、うまくいかない人で何が違うのか」といったことも研究されています。その研究知見によれば、目標を達成できる人と達成できない人ではいろいろな違いがあるものの、一番大きな違いは、そもそもの「目標設定の仕方」にあることがわかっています。「目標を持つことが大事」ということはよく言われますが、ただやみくもに目標を立ててもだめなのです。それ以上に「どのような目標をいかに設定するか」が重要なのです。簡単な目標を立てれば、達成しやすく、難しい目標ではうまくいかない、というようなことではありません。最終的に同じ目標でも、その「設定の仕方」によって、達成できることもあれば、うまくいかないこともあるのです。

　目標をうまく設定するために、まず知っておかなければいけないのは、目標には「レベル」の違いがあるということです。その違いを知っておくことが、目標を設定する段階で役に立ちます。

より大きな目標に向け小さな目標を設定する

　例えば、「幸せに楽しく生きる」といった漠然とした抽象的な目標から、「1日、1ページ学習プリントをやる」といった、より具体的で小さな目標まで幅広くあります。また、「医者になる」は具体的ではありますが、まだ遠く先の目標になります。「志望校に合格する」は、もう少し近い未来の目標になります。このように、目標のレベルとは、掲げた目標が抽象的なものなのか、より具体的なものであるかどうか。また、実現できるまでの期間の長さが、遠い未来なのか近い未来であるかどうかで違ってきます。より大きな目標であれば、抽象的で、遠い未来の目標になり、より小さな目標であれば、具体的で、近い未来の目標になります。

　レベルが上位にあるより大きな目標を達成するためには、その目標を達成するために必要なことを、その下位の目標として設定する必要があります。目標を小さくして、段階的に設定するのです。このとき、目標をピラミッド型に描いて

目標を立てたからには、それを達成できる子になって欲しいと思いますが、なかなかそうはいきません。子どもがちっとも目標に向かって進んでいないように見えると、親としてはいらだってしまいます。そもそも、目標を達成できる子とできない子の差はどこにあるのでしょうか。臨床心理士の的場永紋さんは、その差は子どもの性格や資質だけではないといいます。それでは、どうすれば目標を達成できるようになるのかうかがいました。

いくと、全体を把握しやすくなります。ピラミッドの下に向かって目標を設定していくためには、「その目標を達成するためには何をすればいいか」を問うことで見つけられます。一方、ピラミッドの上に向かって目標を設定していくためには、「なぜその目標を達成したいのか」を問うことで見つけることができます。

　例えば、「志望校に合格する」という目標で考えてみましょう。「志望校に合格するためには何をすればいいだろうか」と考えることによって、その目標よりも下位の小さな目標を見つけていきます。「学力を上げる」「規則正しい生活習慣を身につける」「面談での自己アピール力を上げる」などがありそうですが、そのほかにもいろいろと考えられると思います。そして、さらにそれぞれの目標の下位の目標を決めていきます。「学力を上げる」であれば、「苦手な国語の点数を上げる」。そのためには「読解力を上げる」。そのために「問題集を1日1ページやる」「本を1ヶ月に一冊以上読む」など、より下位の目標を決めていきます。「規則正しい生活習慣を身につける」の下位には、「睡眠リズムを一定にする」や「一週間のスケジュール管理」などが考えられます。そして、「睡眠リズムを一定にする」ためには「7時に起床する」「10時に就寝する」などの下位目標を決められます。

上の目標を意識するとやる気を高められる

　最も下位に位置する目標は、毎日こなしていく日課です。具体的

ピラミッド型の目標レベル

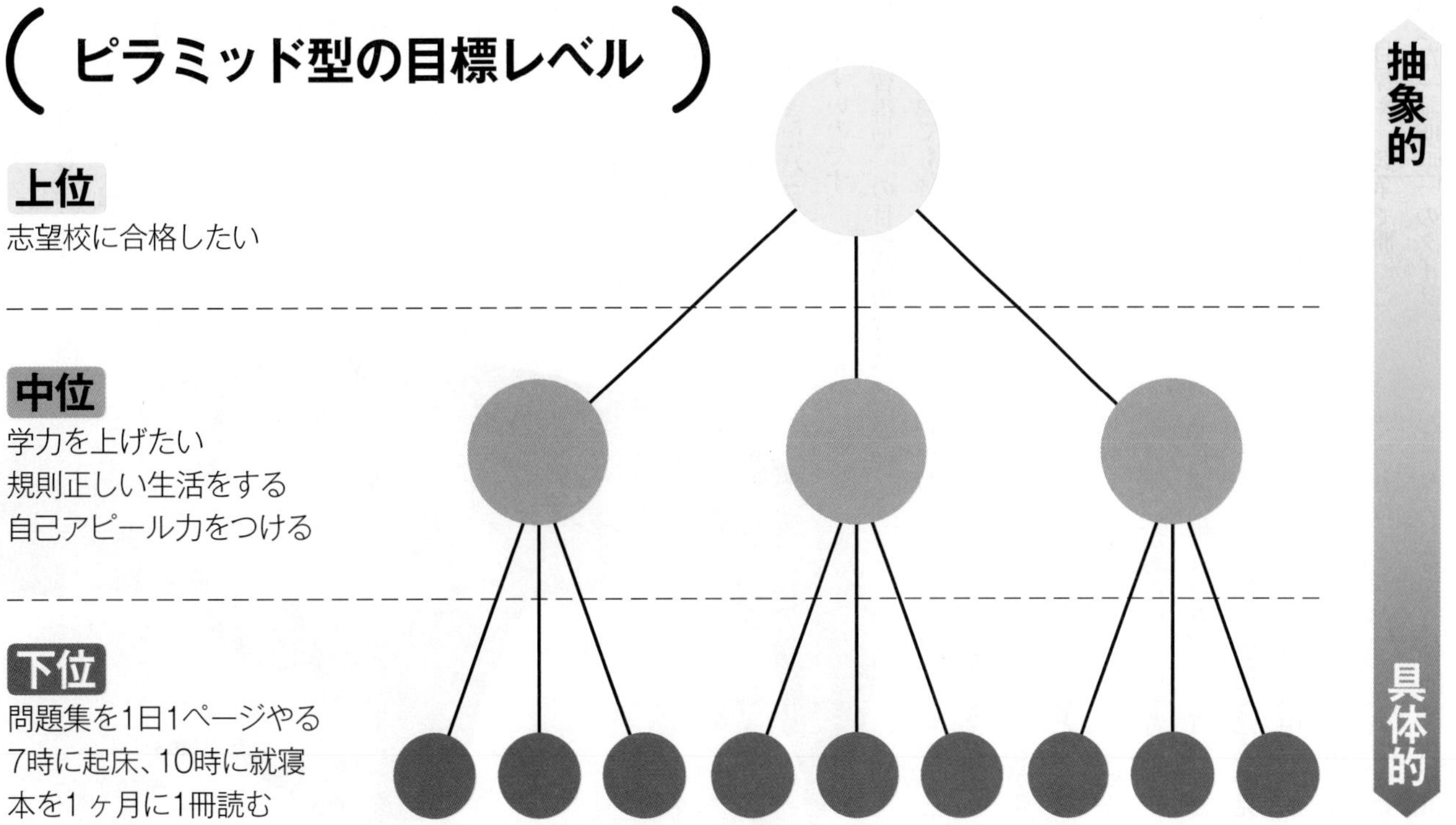

に「いつ」「どこで」「何を」するのか、そして、行った結果が目に見える形でわかる行動目標を設定することによって、先延ばしを防止することができます。また、目標設定は子どもと一緒に考え、子ども自身が考えだした目標も組み入れることによって、自発性を高め、自ら進んでやるようにすることができます。

一方、下位の行動目標だけに注目していると、やる気が低下してしまうことがあります。その場合は、「志望校に合格」のさらに上の目標を意識することが、再びやる気を高めることに有効です。「なぜ志望校に合格したいのか」と問うことで、その先の望むべき目標が見えてくるはずです。親子一緒に「志望校に合格したい理由」を考えてみてください。人それぞれの答えが出てくるはずです。

さてここで、目標には「レベル」の違いとは別に「タイプ」の違いがあることも知ってもらいたいと思います。目標のタイプには大きく分けて二つ、「証明型」と「習得型」があります。

「証明型」の目標とは、自分の能力や成果を周囲に示したり、他者よりも良い成績や成果を挙げたりすることを重視する目標です。「試験で1番をとる」「試合で優勝する」など、具体的な結果と結びつけられる目標であり、周囲から自分の頭の良さや能力が認められることを第一に選ばれる目標です。つまり、「証明型」の目標は、他者からの承認欲求に根ざした目標といえます。目に見える結果が求められるため、成果を出すことに労力が注がれます。

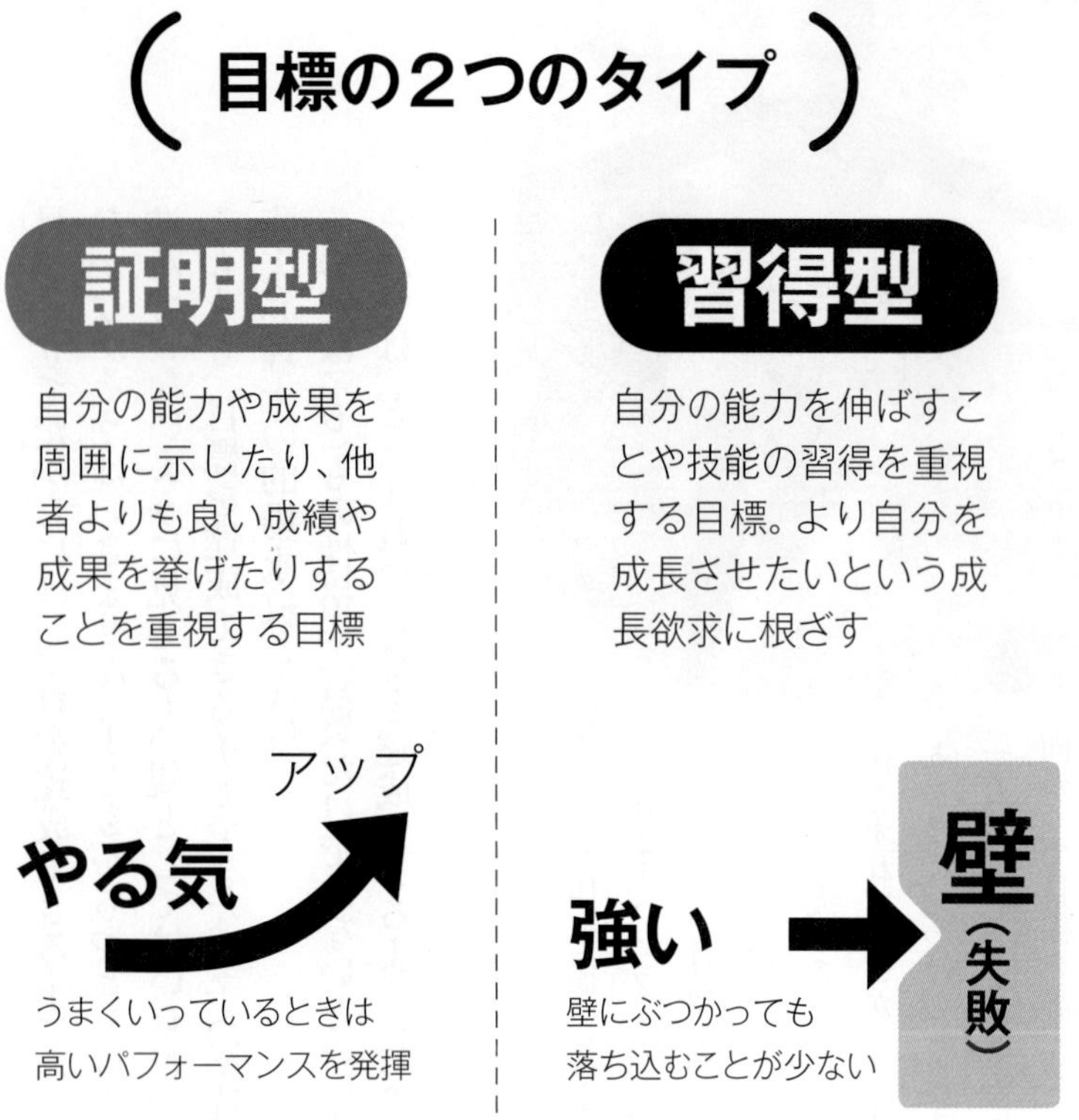
目標の2つのタイプ
証明型
自分の能力や成果を周囲に示したり、他者よりも良い成績や成果を挙げたりすることを重視する目標
やる気
アップ
うまくいっているときは高いパフォーマンスを発揮
習得型
自分の能力を伸ばすことや技能の習得を重視する目標。より自分を成長させたいという成長欲求に根ざす
強い
壁
（失敗）
壁にぶつかっても落ち込むことが少ない

目標のタイプによって違った長所短所が

一方、「習得型」の目標は、自分の能力を伸ばすことや技能の習得を重視する目標です。能力や技能を高めることで、より自分を成長させたいという成長欲求に根ざした目標といえます。他者との比較ではなく、自分がどれだけ成長したか、進歩したかに注目します。そのため、短期的な成果よりも、より長期的な視点から見た結果を重視した目標といえます。

どちらの目標が優れているというのではなく、どちらの目標にもメリットとデメリットがあります。「証明型」の場合は、達成した際に大きな見返り（他者からの称賛）が期待できるため、やる気を高める大きな効果があります。とりわけ、目標の達成に向かって順調に進んでいるときには、周囲からの称賛で自尊心が満たされるため、ますます力を発揮します。しかし、失敗したときや順調に進まない状況になったときは、自尊心が傷つき、落ち込みやすく、簡単にあきらめてしまいやすい傾向があります。「証明型」の目標は、うまくいっているときは高いパフォーマンスを発揮するのですが、挫折したときにパフォーマンスが低下しやすいのです。

逆に、「習得型」の目標の場合は、壁にぶつかっても落ち込むことが少なく、むしろ、それを成長のチャンスと捉えることができます。そして、壁を乗り越えるための行動を取りやすいのです。

このように、目標のタイプが、達成するまでの過程で抱く感情や行動に大きく影響するのです。目標としていることが比較的簡単に達成できる場合は、他者から賞賛される目標や、競争で勝つことを意識した「証明型」のタイプが向いており、高いパフォーマンスとやる気を高めることができます。

一方、目標としていることが難しかったり、不慣れなことである場合、あるいは何度も壁にぶつかる可能性がある場合は「習得型」で目標を掲げた方がより有効だといえます。目標が困難で達成の見込みが低くても、自分の中での成長に焦点を当てることで、粘り強くやり抜くことができるのです。

つまり、目標を達成して他人に評

価されるよりも、その過程で自分自身が成長することを重視します。そうすることで、困難な過程を楽しみやすくなり、結果として目標達成の可能性も高まります。

　さらに知っておいて欲しいのは、目標を立てる人が自分に対してどう思っているかが、目標設定に影響するということです。知的能力や運動能力、創造力など、人間の持つ資質に関して、その人がどのような信念を持っているかが影響するのです。

　私たちは、普段あまり意識していないのですが、どんな人でも自分に対して、「様々な能力は伸ばすことができる」あるいは「伸ばすことができない」という信念を持っており、それを「マインドセット」といいます。「自分の能力は生れもった才能で決まり、変わらぬ固定的なものだ」という「固定的なマインドセット」と、「努力によって伸ばすことができる」という「成長志向のマインドセット」に分かれるのです。どちらのマインドセットであるかによって、目標に掲げることが異なり、さらに目標達成に望む姿勢も異なってきます。

　「固定的なマインドセット」の場合は、努力しても能力は変わらないと考えるため、努力よりも自分が達成した結果を重視します。そのため、「証明型」の目標を設定しやすく、その結果が自分の能力の証明になります。そのため、うまく成果がでないときや失敗したときは、「自分は能力がない人間だ」と考え、挫折しやすいのです。あきらめが早く、失敗することを恐れるようになります。

　一方、「成長志向のマインドセット」の場合は、努力して自分の能力を高めることに重きを置くため、「習得型」の目標を掲げやすく、失敗を恐れず高い目標を掲げて挑戦していくことができます。

困難な目標に対しては成長志向の考え方で

　親がどのようなマインドセットを持ち、子どもに関わっているかが、子ども自身のマインドセットに大きく影響します。親が子どもの成果だけに注目し、結果だけをほめたり、「あなたは才能があるのよ」と伝えることは、子どもの「固定的なマインドセット」を強めます。逆に、子どもの努力した過程に注目して、本人の伸びしろをほめると、子どもの「成長志向のマインドセット」が育まれていきます。

　マインドセットは変えることができます。困難な目標を目指す場合は、親子ともに「成長志向のマインドセット」になって、「習得型」の目標で挑戦していく方がいいのです。

　先にあげた「志望校に合格する」という目標のさらに上位の目標を考えるときなどは、親としては、子どもが「できなかったことができるようになることに喜びを感じたい」「知らないことをもっと学びたい」「今の自分よりももっと賢くなりたい」などの「習得型」の目標を上位の目標として掲げられるように導いてあげる方がいいでしょう。そうすれば、その先に、より高い目標を掲げていくことができるようになります。

　知的好奇心が強い子や、勉強好きな子、将来やりたいことがある子の場合には、容易に上位の「習得型」の目標が見つけられるでしょう。しかし、勉強があまり好きではない子や、受験に乗り気でない子の場合には、見つけにくいかもしれません。その場合には、入学した後に、「自分がどのような生活をしているのか」「どのような良いことが起きるのか」「いかに自分が成長していけるのか」といった、望ましい未来のイメージを抱けるような対話をすることが役に立ちます。

　最上位にある頂点の目標は、「困っている人の手助けをしたい」「世の中を良くしたい」「人から認められる人物になる」「自分のやりたいことを極める」「家庭を築き幸せになる」「のんびり平穏に暮らしたい」など、人それぞれ異なった自分の願望や価値観、生きがいなどを表現したものになります。それは、到達するゴールというよりも、自分が人生で歩んでいく方向性を示す羅針盤になります。人によって中位に位置付けられる目標が4つ、5つ…と増えて、ピラミッドが高くなっていくでしょう。頂点にある目標を自覚できる年齢も、人それぞれだと思います。頂点とはいかなくても、より上位の目標を意識することで、目的意識が高まり、今なすべき目標に対してより強く立ち向かえるようになります。

目標に影響する2つの考え方

固定的マインドセットの人	成長志向マインドセットの人
自分の能力は生れもった才能で決まり、変わらぬ固定的なものだ	自分の能力は、これからも努力によって伸ばすことができる
↓	↓
証明型の目標	習得型の目標

次ページの「親と子の悩み相談コーナー」に関連記事があります

的場永紋先生の

親と子の 悩み相談コーナー

子育てに悩みはつきもの。
日々、子どもと接しながら、
親として迷ってしまうのは当然のことです。
そんな時のヒントになるように、
専門家にアドバイスを聞きました。

相談1 子どもがよく練習してもなかなか上達しません。なぜでしょう

何事もうまくなるためには、継続的に練習を積み重ねていくことが必要です。長い時間を費やしても、上達しない場合、練習方法に問題がある可能性があります。上達するためには、成果に結びつく効率的な練習法を選択しているかどうかが、とても大切です。取り組んでいる練習法を効率的なものにするには、以下のことを心がけるとよいでしょう。

まず、取り組んでいる課題が、自分の能力の限界のぎりぎり上のレベルに設定されており、それを繰り返すこと。努力が不要であり、**簡単にできる範囲の課題を繰り返しても、上達は望めません。**

次に、練習中の意識のあり方です。目標達成のために努力しているという意識が大事なのです。ただ課題をやるように言われたからやっているのと、自ら目的意識をもって取り組んでいるのでは、習得率が大きく違います。**練習と目標のつながりが意識できていると、モチベーションも高まります。**

さらに、課題をこなした後、すぐにフィードバックがあることも重要です。「どこがうまくできて、どこでミスしたか」について正確な情報を得られることで、自分のだめなところを意識できます。そこを修正しながら練習していくのです。

また、脳は、学習したことを忘れる仕組みが備わっているため、**忘却するタイミングに合わせて、復習することが大切です。**忘却は、学習した24時間後、3日後、1週間後に、それぞれ大きく生じます。そのため、それぞれの忘却する直前の24時間後、3日後、1週間後に、再び同じことを練習することが、忘れずにいられる効率のよいタイミングになります。

相談2 目指している目標をもうやめたいと言い出したのですが、どうすればいいでしょうか

目標を粘り強く追い求めていくことも大事なことですが、それとともに、目標をあきらめるタイミングを見極めることも大事なことです。あきらめてやめしまう前に、**なぜ目標が達成できないのかをじっくりと親子で考えるとよいと思います。**

達成するために他にできることはあるでしょうか。例えば、もっと時間をかける、さらに努力をする、意欲や自制心を高める、別の方法をしてみる、必要な助けを借りる、計画を立て直すなど。**もし、達成するためにできることが何もなければ、目標をあきらめることを検討してもよいと思います。**

また、もし、実行できるものがあったとしても、限りある時間やエネルギーを費やすだけの価値があるかどうかも検討してみましょう。その目標を達した後の未来に、自分なりの魅力や達成感を感じられるでしょうか。自分にとって価値が見出せず、さらに達成感も味わえない目標を目指すことは、やる気も低下し、無力感を抱きやすくなります。

大人は、何かを手に入れることや、目標を達成して成功することが、幸せにつながることだと思いがちです。しかし、**ときには立ち止まってみることが大切です。**仏教の言葉に「足るを知る」という言葉があります。「私たちはもうすでに、すべてをもっている存在であり、それだけで十分である。それに気づくことが大切である」という意味です。上手にあきらめることによって、**いつか幸せになることを目指して生きるのではなく、「すでにある幸せに気づき、今を幸せに生きること」**を学べるかもしれません。

子ども
たちは今
保健室
より

「体調が悪いのを心配して子どもたちが元気のパワーを送ってくれた」

保健室は子どもたちにとって
大切な居場所です。
そこでは、担任の先生や親の前とは
違った顔を見せてくれます。
子どもたちの今を、
保健室よりお伝えします。

文◉五十嵐彩・いがらし・あや
東京都内の公立小学校で養護教諭
イラスト◉土田菜摘

登校時間には「昇降口」で子どもと朝のあいさつ

私が、学校で最初に子どもと触れ合う場は、「保健室」ではなく「昇降口（校舎の出入り口）」です。子どもの登校時間には、「昇降口」に出て子どもと朝のあいさつを交わします。登校といってもその様子は様々です。私が「おはよう！」と言っても、聞こえていないのか、ぼんやりとした顔のことが多い隼人くん。そんな日は決まって保健室にやってきて、「眠い」「だるい」と言ってソファに寝転びたがります。登校時刻ギリギリになって駆け込んでくることのある海くん。中休みに、「お腹空いた」「体育やりたくない」と保健室にやってきます。また、実春ちゃんが不機嫌そうに登校してきて、こちらがあいさつしても“むすっ”とした顔のときは要注意です。授業中にも不機嫌で何を言っても取り合わず、先生が注意をすると教室から出て行ってしまいます。「実春が教室からいなくなった」と連絡があり、大捜索を行うことになります。

登校の様子を見ていると普段との違いが気になる

毎日、登校の様子をみていると普段との違いが気になります。私はこの「普段の様子を知ること」をとても大切にしています。子どもたちにも、「体温を測って同じ37.0℃でも、“元気なとき”と“そうでないとき”があるでしょう？普段元気なときの様子を知っているとちょっとした違いにも気づきやすいんだよ」と伝えています。一人ひとりの子どもたちの普段の様子がわかっていると、例えば、腹痛でよく来室する子が「いつもの腹痛なのか」「気持ちの問題なのか」「病気の疑いがあるのか」を判断する場合にも参考になります。養護教諭として子どもたち一人ひとりの普段の様子を知ることは、とても大切な仕事なのです。

ところで、先日、寒暖差の激しい気候が続いたときに、私自身が体調を崩してしまいました。からだがだるく喉が痛いものの、熱はなく声も出るので、通常通り出勤しました。しかし、保健室で子どもの対応をしていてもなんだか元気が湧いてきません。中休みになって、いつも通りに身長を測りにきたレイ子ちゃん。普段は身長を測ったら元気に外遊びに向かうのに、めずらしく私のところへやってきて「先生、もしかして具合悪い？」と聞いてきました。「わかる？」と言うと「いつもとなんか違うもん。休み時間、座っていなよ」と言われてしまいました。また、下校時にいつも私のからだに飛びついてくる志乃ちゃんが、この日も飛びつくなり言いました。「先生、具合悪いでしょ！」「え、どうして？」と聞くと「なんかいつもと違うんだよね」と言って私が保健室でするように、手を額や頬に当ててきました。「ちょっと、やめてよ」と言っている間に他の子も集まってきて、私の顔と自分の顔とを触り比べます。そして、「先生、今日はもう帰って寝なさい！具合が悪いときは寝るのが一番なんだよ！一番よくわかってるでしょ！」と言って頭をポンポンとなでられてしまいました。私は、なんだかからだが熱くなっていくのを感じました。それと同時に、早く治して元気になろうというパワーを子どもたちから受けとったのを感じました。

子どもを見ているつもりが子どもも大人を見ている

子どもたちの普段の様子を知っていることが大切だと考え、子どもと向き合っているつもりが、子どもの側も大人をみているのだと気づかされました。そして、ひょんなことから保健室で行う、調子を診るために額に手を当てることや、頭をなでることが、安心感につながることを身をもって体感してしまいました。私が、同じように子どもたちとつながって、パワーを与えているのだろうかと思うと、まだまだ足りないことが多いような気がします。それでも、少しでも子どもたちにとって安心のできる存在であり続けたいと確信したできごとでした。

子どもたちの名前は仮名です。個人が特定できないように事実関係に手を加えている場合があります

特集2

発達障害（ADHD）について理解を深めよう

新1年生が立ち歩いて授業にならない「小1プロブレム」が取り沙汰されたり、そわそわと後ろを振り返り先生の話をきちんと聞けない子が目立ったり、落ち着きのない子どもが増えていると言われます。授業参観などでわが子のそんな様子を見ると、「育て方が悪かったのかしら」「しつけが間違っていたのかしら」と気を病んだり、「もしや発達障害では」と心配を募らせる親御さんもいるのではないでしょうか。

「発達障害という言葉が広く知られるようになったことで、子どもに心配な振る舞いがあると、すぐに結び付けて考える傾向がありますが、落ち着きがないというだけで発達障害とはいえないし、そういう子が最近になって急に増えてきたわけでもありません」と話すのは、子どもの発達障害が専門の宮尾益知先生（どんぐり発達クリニック院長）。

「昔から同じような子は一定数いました。しかし、わんぱくな子、変わった子ぐらいでやり過ごされることが多かった。それが社会全体の許容性が低くなったために、ルールを守らない子の姿が目につくようになり、落ち着きのない子が増えたように感じるし、発達障害ととらえられるケースが増えたのでしょう」

では、発達障害を疑わなければいけないのは、どういう場合でしょうか。

「生活上、問題が起きているかが分かれ目になります。それがもとで周囲とうまく合わせることができなかったり、教室の中で友だちや先生が困っていたり、じつは本人も何となく居づらさを感じている場合は発達障害が疑われます。傾向があっても、周囲に適応して問題なくスムーズに日々を送っていれば、発達障害とは言いません」

発達障害には、ADHD（注意欠如／多動性障害）、ASD（自閉症・アスペルガー症候群）、LD（学習障害）などがありますが、こうした集中力に欠けて落ち着きがないなどはADHDになります。不注意、多動性、衝動性の三つを基本的な特性とし、集中力がないほか、忘れ物が多い、興味が続かず飽きっぽい、整理整頓が苦手、じっと一か所にとどまれない、思いつくとパッと行動するなどがあります。

日本では約5％に見られクラスに1〜2人ほどいる

トラブルメーカーのように言われて肩身の狭い思いをする親御さんもいるかもしれませんが、原因は、生まれながらに脳の機能に神経伝達物質が関与したトラブルがあるためで、家庭のしつけや育て方、本人の心がけなどとは全く無関係です。また、脳の構造上、男の子に多く、米国では全人口の8・5％、日本では約5％に見られるとされますから、クラスに1〜2人ぐらいはいる計算。障害とは言っても、けっして特別なものではありません。

通常は、集団生活に入る4歳く

発達障害という言葉をよく聞くようになりました。なかでもADHD（注意欠如／多動性障害）は日本では全人口の約5％の人に見られるとされる障害で、決して珍しいものではありません。発達障害の子どもがいたら、周りの大人がその障害についてよく理解してあげることが大切です。

文◉深津チヅ子　イラスト◉土田菜摘

らいから、「じっとしていられない」「他の子に手が出る」など育てにくさを親御さんたちが感じ始め、小1〜2には、「席に座っていられない」「勉強に集中できない」などの問題行動が見られます。小3〜4になると、自制心が働くようになるので授業中の立ち歩きなどの「多動性」や「衝動性」は徐々に抑えられていきますが、一方で、「不注意」は引き続くことが多いため、集中力の欠如から忘れ物や勉強でささいなミスを連発するなどして、子ども自身が「みんなとどこか違う」と気づき始めます。友だちからも「おかしい」と指摘されたりからかわれたりして、心に傷を負いながら孤立していくのもこの頃からです。

こうした過程で、あれをしてはだめ、何でちゃんとできないのなどと常に否定的な言葉をかけられてマイナス経験が積み重なると、自尊心が育たず、自信のなさから、さらに人間関係を構築するのが難しくなります。そうなると、将来に影を落としかねません。

「叱って治るものではありません。疑わしい場合は放置せず、早めに対応してあげることが重要です」

４年生くらいになると なぜ自分はと苦しんでる

まずはかかりつけの小児科に相談を。「子どもの心の診療医（研修を受けて子どもの心の診療に定期的に携わる医師）」という制度がスタートしているので、資格を有した医師なら、なおいいでしょう。または、小児神経科や児童精神科などの専門医（子どもの心の診療に専門的に携わる医師）をたずねます。ADHDかどうかは、アメリカ精神医学会が定めた診断基準をもとに診断されます。

ADHDと診断されれば、医師や臨床心理士など専門家のアドバイスを受けながら、親御さん自身が子どもの特性について理解を深め（ペアレントトレーニング）、環境を整えていく必要があります。

「小４くらいになれば、なぜ自分はできないのかと子どもは苦しんでいます。小学生のうちはADHDと障害名を告げる必要はありませんが、他の子と違う特性があることは伝えてあげてください」

対応のポイントは、肯定の言葉を添えること。例えば、「あなたは優しくていい子だけれど、人の話をじっくり聞くのが苦手なのよね」というように。良い点は十分にほめ、失敗に対してはどうすればよかったかを具体的に教えます。学校などで「変な子」と言われ続けて自信を失いかけている子が多いので、当たり前のことでもできる限りほめて、自己肯定観を持たせます。併せて、片付けができないなら、考えなくてもいいように、細かく分別せず大まかにまとめるだけの収納にするなど、環境作りをしてあげましょう。

ADHDは治ることはありませんが、成長とともに周囲への適応力を子ども自らが身につけていきます。周囲は正しく対応し、成長を支えていきましょう。

発達障害についてより詳しく知るには、宮尾先生が監修医師を務める発達障害の情報サイト「オーク発達アカデミー」http://oak-dev-academy.jpをご覧ください。

石井てる美

［お笑い芸人］

ココロの Interview 60

“エリート街道の先頭にいるよりもお笑い芸人のワクワクを選んだ”

頑張れば成績を上げることができて東大に進学、さらに超一流企業のマッキンゼーに就職した石井さんですが、入社1年4ヶ月でお笑い芸人に転身しました。一度死んだつもりでの新しい人生でした。それから7年、芸人の道も決して楽ではありません。石井さんはなぜエリートの道を捨てたのか、それで得たものはなんだったのかをうかがいました。

構成◉深津チヅ子
写真◉越間有紀子

外資系の経営コンサルティング会社・マッキンゼーからお笑い芸人へ転身したと聞くと、清々しいほど思い切りがいいように思われるでしょうが、こっちの世界にきてよかったなぁと、芸人として充実感を覚えるようになったのは最近のことです。転身を後悔したことはまったくありませんが、芸人の道も楽ではありません。やりたいことがなかなか形にならなくて、暗い森の中をさまよっているような感覚から抜け出すのに7年かかりました。

小学生の頃から、人前に出るのが大好きな、おちゃらけキャラでした。三人姉妹の真ん中で、父は理系の研究者、母も仕事を持ち、家庭の方針で私たち姉妹は三人とも塾に通って中学受験をしました。でも、「頑張る子」になったのは中学からです。小学生時代の私は努力して道を開くということがまったく身についていなくて、受験が近づいてものんびりと炬燵で寝転んでいるような有様。勉強らしい勉強をした記憶がありません。当然、中学受験ではなかなか結果が出なかったわけですが、そんな中、母がはらりと涙をこぼすのを見たのです。ものすごい衝撃でした。大人の涙、それも母の涙なんて見たことがありません。雷に撃たれたような衝撃で、そのとき私の中で何かが覚醒しました。スイッチが入ったのです。

何とか補欠合格した白百合学園に入学したときには「勉強する子」に生まれ変わっていました。努力は裏切らないものです。授業をきちんと聞いたり復習をしたり、学生として当たり前のことを実行したら、初めての中間試験で地理と英語が満点、なんと学年トップの成績をとってしまったのです。ちゃんと勉強すれば私にもできるんだと実感して、それ以来、「頑張っていればいいことがある」が座右の銘、金言のように常に自分に言い聞かせるようになりました。

東大を目指したのは母のすすめからだった

でも、ガリ勉少女だったわけではありません。中高時代はどんな場面でも座右の銘を胸に、全力投球でした。目立ちたがり屋の盛り上げ役は相変わらず。イベントでは一番目立っていたし、学園祭の実行委員はほぼ毎年続けました。ああいう非日常のお祭り感というのが、当時からたまらなく好きだったんですね。友だちと塾に通って勉強に励み、笑い転げ、アイドルにも夢中になった。今考えると、どうしてあんなにエネルギッシュになれたんだろうと不思議なくらい全力で駆け抜け、その疾走感を楽しんでいました。「かったるい」なんて言葉とはまるで無縁でした。

目の前の課題にベストを尽くすことだけを考えていたので、高校時代は、将来何になりたいかより、どの大学を目指すかが現実的な目標でした。ですから、東大を目指したのも高い志があってのことではなく、「中高と私立に行ったのだから、大学は国立に行きなさ

い」という母のすすめからです。素直というか、流されやすいというか…じゃあ頑張ってみようと。「頑張れば私でも」の一心で、さぼると気持ち悪く感じるほど愚直に勉強に打ち込みました。

甲斐あって、東大は文系に合格。その後、3年生で工学部に転部しました。進んだのは「国際プロジェクトコース」という新設コースで、文系からの転部は大変でしたが、国際関係の仕事に就きたいと考え始めていた私は大学院まで進むと、フィリピンにあるアジア開発銀行で半年間インターンをするチャンスを得ました。国際機関でインターンができるなんて、望んでも簡単に叶うものではありません。私はここでもまた、「頑張っていればいいことがある」という座右の銘を確信するわけです。

そして、就職活動を迎えました。就活にあたり、私には決めていた三つの軸がありました。国際的な仕事であること、社会的貢献ができること、自分が成長できること。この3本の軸に沿って就職偏差値の高い順に選んでいくと、外資系コンサルティング会社は当然リストにあがってきます。その中でもマッキンゼーは別格。東大生でも滅多に入れないような超一流企業に受かるわけがありません。記念受験のようなつもりでした。面接試験では、「いい思い出になりました」なんて言って退出したくらいです。

それが、受かってしまった。びっくりです。想定外の結果に、嬉しいというより、過大

”アドレナリンがどくどく出るような幸せな気持ちに満たされます“

評価されたんじゃないかと少し腰が引けてしまったのですが、「マッキンゼーに受かって行かない理由なんてどこにもない」と周囲の誰もが口をそろえるし、チャレンジしないで始めから無理と決めつけるのはどうだろう。例の「頑張ればいいことが起きる」で、どうにかなるのではないか。そう自分に言い聞かせるようにして入社を決めました。

王道を歩いていれば間違いないと信じてた

今考えると、進路選択に主体性がなく、流されていたんですね。東大に入ると、知らず知らずのうちに「自分はエリート街道の先頭にいるんだ」みたいな思い込みが始まり、せっかく乗ったレールから外れることを自分に許さなくなっていきます。私もそんなエリート意識の渦に巻き込まれ、王道を歩いていれば間違いないと信じる東大生になっていたのです。東大に進んだことで、人生のオプションを拡げたつもりが、ごく限られた道しか目指せない人間になっていたのだと思います。

3年は頑張ってみようと心に決めて入ったマッキンゼーは、想像を超える猛烈な会社でした。毎日が、100mダッシュの速さでマラソンをしているようなもの。すさまじい量の仕事を、すさまじいクオリティで、すさまじいスピードでこなしていかなければなり

いしい　てるみ

1983年、東京生まれ。東京大学工学部卒業、同大学院修了。外資系コンサルティング会社・マッキンゼーに1年4カ月勤務後、お笑い芸人に転身。代表的な持ちネタは言いづらいことを英語っぽく言うネタやヒラリー・クリントンの物真似。英語が堪能で英検1級を持ち、TOEICで満点を獲得。著書に「私がマッキンゼーを辞めた理由」がある。

ません。尋常でないタフさが要求され、そこでは頭脳も人格も優秀な人たちが全力疾走していました。

普通ではあり得ないような責任ある大きな仕事を入社1年目から任されるのですから、早く成長したい人にはピッタリの会社だったと思います。実際、私も研修1か月後には、大手航空会社の国際戦略プロジェクトチームに入っていました。間違いなく成長できるし、やりがいもある仕事で、クライアントに喜んでもらえる達成感も経験できました。しかし、入社した年にリーマンショックが起き、社内で稼働するプロジェクトが一時的に減ると、プロジェクトに入れないことへの焦りや会社からの評価に脅えるようになりました。

そもそもエースと言われる人たちと、私のようにゴリゴリ努力して息を切らせながらついていく人間では、能力もさることながら、メンタルが違いました。いやなことがあっても翌日には忘れたり、多少の失敗をしても反省したらさっと切り替える強靭なメンタルがないとやっていけません。片や私は、躓いたらなかなか起き上がれないような打たれ弱い人間でした。もし当時の自分にかける言葉があるとするなら「鈍感であれ」です。そして決定的に違ったのが仕事に対するパッションでした。もちろんマッキンゼーではたくさんのことを学び、社会に大きなインパクトを与える仕事に携われ、いいことも多かったのですが、ワクワクする幸せに向かっているという感覚が持てなかったのも事実です。

入社した年の秋口には、このままで大丈夫だろうかと考え始めていました。世間的に「すごい！」と言われるエリート集団で働いて多少の自己陶酔感を得られたとしても、その先に何があるんだろうと考えたとき、何も見えないことへの漠然とした違和感が大きくなっていきました。さらにやっと入れたプロジェクトでは、難しい仕事を前に結果を出さなければというプレッシャーで空回りし、身も心も疲れ果て、もう消えてなくなりたいと思い詰めるほど追い込まれました。どうせ死ぬのなら、死ぬ前にやりたいことをやっておきたいと考えたとき、頭にスーッと浮かんだのが、エンターテイナー、芸人だったのです。

一度死んだつもりで新しい人生に踏み出す

エンターテイナーというキーワードは、実は心の奥底にずっとしまわれていました。高校の文化祭で「本当にエンターテイナーだよね」と友人に言われた時の嬉しさは今も覚えています。もうひとつ人生があるのなら、やってみたいと思っていたのは、芸人でした。とはいえ、今の事務所のオーディションに合格し、お笑いの世界に飛び込むと決めるまでには七転八倒の苦しみ。マッキンゼーを辞めていいのか、縁もゆかりもない芸人の世界でやっていけるのか、それまでの人生観を覆す決断を前にどこかに勇気を売っていないかと考えたくらいです。最終的には、成功するかどうかより、一度死んだつもりで新しい人生を送ろうと思いました。

結局、1年4カ月でマッキンゼーを辞めました。オプションの中から選んだのでなく、「これしかない！」と初めて自分で選び取った道。今は芸人になって本当によかったと思います。ビッグネームよりワクワク感を選んだことに一片の後悔もありません。

決断の日から7年。最初の2、3年はまともにネタも作れず苦しい時期もありましたが、去年くらいから英語ネタやヒラリー・クリントンのネタでテレビにも出られるようになって、芸人の世界がすごく楽しくなってきました。肩書も学歴も関係のない、ネタだけが勝負のシビアな世界ですが、それだけに、たとえ小さな会場でも自分が考えたネタでドッカーンと笑いがとれたときは本当に気持ち良くて、アドレナリンがどくどく出るような幸せな気持ちに満たされます。収入はマッキンゼー時代の足元にも及ばないし、稀有な天才肌のお笑い芸人でもありません。それでも、「一生懸命頑張っていればいいことがある」という座右の銘を信じて続けていたら、ワクワクする幸せを手に入れることができました。この先、どんな展開が待っているのか、今の人生が楽しみでしょうがありません。

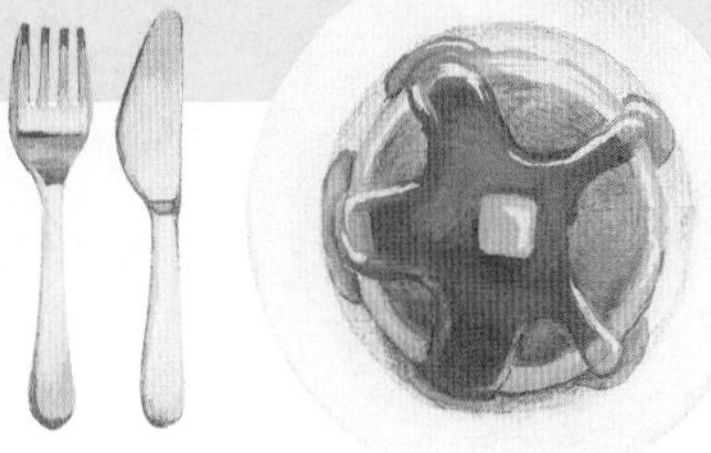

わたなべちなつ

［造形作家・絵本作家］

2次元のページに
3次元の世界が広がる!

大人も子どももびっくり仰天。
鏡のように反射する
ピカピカの紙でつくられた絵本。
ページをめくるたびに、
驚くほど立体的な世界が出現！

構成◉橋爪玲子

子どものころから、絵を描いたり、何かを作ったりするのが大好きで、将来は、イラストレーターなど何かを作り出す人に漠然となりたいと考えていました。

高校卒業後の進路は迷わず美大を目指しました。でも美大受験のための美大予備校に通い始めると、もがき始めるんです。愛知県出身の私は、名古屋の美術予備校に通っていたのですが、ものすごく絵のうまい人や上手にモノを作る人がたくさんいました。名古屋でこれだから、全国にはそんな人たちがたくさんいるんだ!!って想像すると、美大に行って、その後、どうやったらモノをつくる仕事で生き残ることができるのか不安になったんです。どうしようって。

そんな私は、ただ漠然と絵を描く仕事につけたらいいなではなく、より現実的にほかの人がやっていないジャンルで、自分の力を発揮できる場をみつけることを意識しはじめました。

その答えを、大学のグラフィック科に進むことで見つけました。

グラフィックは、基本的に平面のデザインなのですが、その平面の作品にひと工夫することで、作品に変化があらわれ、おもしろい造形物ができることに気が付きました。そのひと工夫が現在の作品の「しかけ」につながっています。

かがみのしかけに興味をもったのもいろいろなしかけを試していた学生時代です。

かがみのしかけは絵本で無理と考えてた

本の形にしてみたのは、所属していたゼミの先生が本をテーマにした研究をしていたからです。課題を通していろいろなしかけの本を制作してみると、「本」というメディアが私のアイデアを伝えるのにとてもあっていると感じました。

大学卒業後は、静岡の家庭用品メーカーに就職し、商品の柄やパッケージのデザインをしていました。いいアイデアがあれば企画が採用されて、実現できる環境だったので、やりがいはありました。一方で、個人的な作品のテーマであるしかけがある作品の制作活動もやめなずにコンペに出したり、展示をしたりもしていました。

就職から4年後です。結婚を機に、愛知に引っ越すため、会社をやめました。そして家計の収入は夫にまかせて、今まで自分がこだわってきた作品を10年、20年と時間がかかってでも、世の中に出そうと決意しました。自分の作品のテーマを追求するために、大学院にも進学しました。「あきらめな

ようこそ　かがみの　サーカスへ
きみを　とくべつ　ごしょうたい

わたなべちなつ

1984年、愛知県生まれ。筑波大学芸術専門学群卒業。愛知県立芸術大学大学院修了。造形作家、絵本作家。作品に「かがみのえほん」シリーズ『ふしぎなにじ』、『きょうのおやつは』『かがみのサーカス』（福音館書店）がある。

http://chinatsu-web.com/

わたなべちなつ先生の本

い」ことが私のできることでした。

絵本が出版できるきっかけになったのは、会社員時代に自分の作品のアイデアを考えるのによく利用していた絵本とおもちゃの専門店のスタッフの方々との出会いです。私の作品は、おもちゃと絵本の間みたいなものなので、よくこのお店で作品のインスピレーションを受けていました。たまたま店長さんとお話する機会があり、作品も見ていただいていたんです。

その店長さんとスタッフの方が、私が名古屋に引っ越して半年後に、福音館の編集者さんを紹介してくださったんです。

私自身、全ページにかがみのようなしかけを実現させる絵本は、無理だろうと考えていました。価格を下げて、量産することが難しいからです。会社員時代に、商品を企画する中で、何度もそういった壁にぶち当たった経験がありました。なので、期待せず、せっかく編集者さんとお会いできるチャンスができたのだから、私の作品を見て、楽しんでもらいたいなという気持ちでした。

実際に編集者さんが、作品を見た瞬間に「うわ〜!!」といってくれたときには、「よし！目的達成したぞ」みたいな。素直にうれしかったです。

当然、編集者さんは、出版するには課題が多すぎて、ハードルがとても高いといいました。でも、すごくおもしろいので、編集部に持ち帰って検討してさせてくださいともいってくださったのです。

しかけのおもしろさを存分にいかすのが使命

幸運なことにさまざまな方の協力によって無理だと思っていた課題もクリアとなり、出版できることになったんです。２０１４年にぺたんと開くと平面の絵なのに、ちょうど90度の角度で開くと、対向ページの絵がかがみにうつって、立体的に見える『ふしぎなにじ』と『きょうのおやつは』の2冊が「かがみのえほん」シリーズとして発売されました。

ホットケーキを作る過程を描いた『きょうのおやつ』では、ホットケーキをつくる人の手は描いていません。読む人が手を添えると、しかけによって卵をわったり、道具を扱ったりしているような臨場感を味わえ、立体的な空間を楽しめる一冊です。

11月にはシリーズの最新刊『かがみのサーカス』を発売します。

最初の2冊は、かがみのしかけのおもしろさをできるだけ強く伝えるために、あえてシンプルな作りにしました。

ただ、前作を手に取ってくださった読者の方々から物語がもう少しほしいという声をよくお聞きする機会がありました。なので、今回は、物語性が今までよりもある作品になっています。男の子がかがみの中でやっているサーカスに遊びに行くお話です。

しかけもさらに進化しています。かがみのしかけのおもしろさを存分にいかすことが、かがみの絵本の使命であり、私が一番こだわっている部分なのですから。

赤ちゃんからお年寄りまでの方々が、見たときに「わー、おもしろい」と感じてもらえるしかけのある作品をこれからも作り続けて、みなさんに楽しんでもらえたら、私は幸せです。

レッツ
何でもトライ
29

カヌーの楽しさを体験をしよう！

初めてだったけど
プールだったので
怖くなかったよ！

皆さんはカヌーに乗ったことがありますか？
流れる川はちょっとこわいですよね。でも大丈夫。
今回は川ではなくて青梅市東原公園の「流れるプール」で行われた
カヌー体験会（モリパークアウトドアヴィレッジ主催）に参加、
青梅市カヌー協会のスタッフにカヌーの乗り方を指導してもらいました。

写真◉越間 有紀子

水面を
すいすいと進んで
面白かったです！

カヌーについて知ろう

念入りに準備体操をして、パドルの漕ぎ方、カヌーの乗り方など基本を学びます。カヌー、子どもだけで持つととても重いよ！

上手に漕ぐ秘訣も
おしえちゃいます！
皆さん頑張りましょう。

(左) と (上) はいずれも矢澤亜季選手

リオデジャネイロオリンピック出場の矢澤亜季選手（写真左）が来場、特別レクチャーをしてくれました！矢澤選手が軽々とカヌーを操るのにびっくり！カヌーが転覆した時の起き上がり方なども学びました。

カヌーに乗ってみよう

なかなか前に
進まないよ〜！

いよいよプールでカヌーに挑戦。最初はパドルを漕いで進むのが難しかったけれど、しばらく練習すると皆上手に前に進むようになりました！水しぶきがとても気持ちいいよ！

パドルを
持つ位置が
とても大事だよ！

問い合わせ MORI PARK Outdoor Village（モリパークアウトドアヴィレッジ） 〒196-8533 昭島市田中町610-4
TEL:042-541-0700 http://outdoorvillage.tokyo/index.html

藤村女子《ふじむらじょし》中学校

ハワイ修学旅行とEnglish Days

所在地	東京都武蔵野市 吉祥寺本町 2-16-3	アクセス	JR中央線・京王井の頭線・ 地下鉄東西線「吉祥寺駅」 北口から徒歩5分
TEL	0422-22-1266	URL	http://www.fujimura.ac.jp/

伝統と革新の女子教育で、時代が求める「発信力」を育む藤村女子中学校・高等学校。今回は、国際教育の一環として行われている「ハワイ修学旅行」と「English Days」をご紹介します。

中学3年で行く「ハワイ修学旅行」

中学3年の今でしか経験することのできない国際教育プログラム「ハワイ修学旅行」。毎年、5月のゴールデンウィーク明けに3泊5日の日程で行われ、今年で12回目を迎えました。

このプログラムで特に力を入れているのが、事前学習です。

事前学習では、英会話はもちろん、他の教科でもハワイに関連する事柄を取り入れています。例えば、理科では火山や星について、社会科は文化や歴史について、家庭科では現地で受けるフラダンスレッスンで使用するパウスカート（フラダンス用スカート）作りなど、ハワイを題材とした事柄を学びモチベーションを高めていきます。そして、帰国後には学習のまとめとしてパワーポイントの作成・発表といった事後学習も大切にしています。次に日程ごとの内容の一部をご紹介します。

1日目の訪問地はハワイ島です。ここでは世界自然遺産「ボルケーノ国立公園」を訪れ、1970年に流れ出て固まった溶岩の上で溶岩ウォーク体験します。事前学習で学んだ知識を基に、どこまでも続く溶岩の上を歩き、自然の壮大さを感じます。

2日目は宿泊先のコナ・リゾートでリゾート気分を満喫した後、事前学習で作ったパウスカートをはいてフラダンスのレッスンを受けます。ここで教えて頂いたフラダンスは学園祭等で発表するそうです。その後、現地のコーヒー農園を見学し、夜はスターゲイジング（天体観測）です。日本で見ることのできない南十字星や木星の衛星が観測でき、事前学習の効果もあってか生徒には貴重な体験となっているようです。

3日目はオアフ島・ホノルルにあるメリノール高校を訪問し、お互いの学校の出し物などを披露し学校交流を図ります。その後はホストファミリーと合流し、班ごとに現地の家庭でホームビジットを体験します。ビジット先では、家族と一緒にゲームをしたり、食事をしたりと、短い時間ですがハワイのごく一般的な家庭と交流することで異文化を身近に感じることができます。

4日目の最終日は戦艦ミズーリの見学

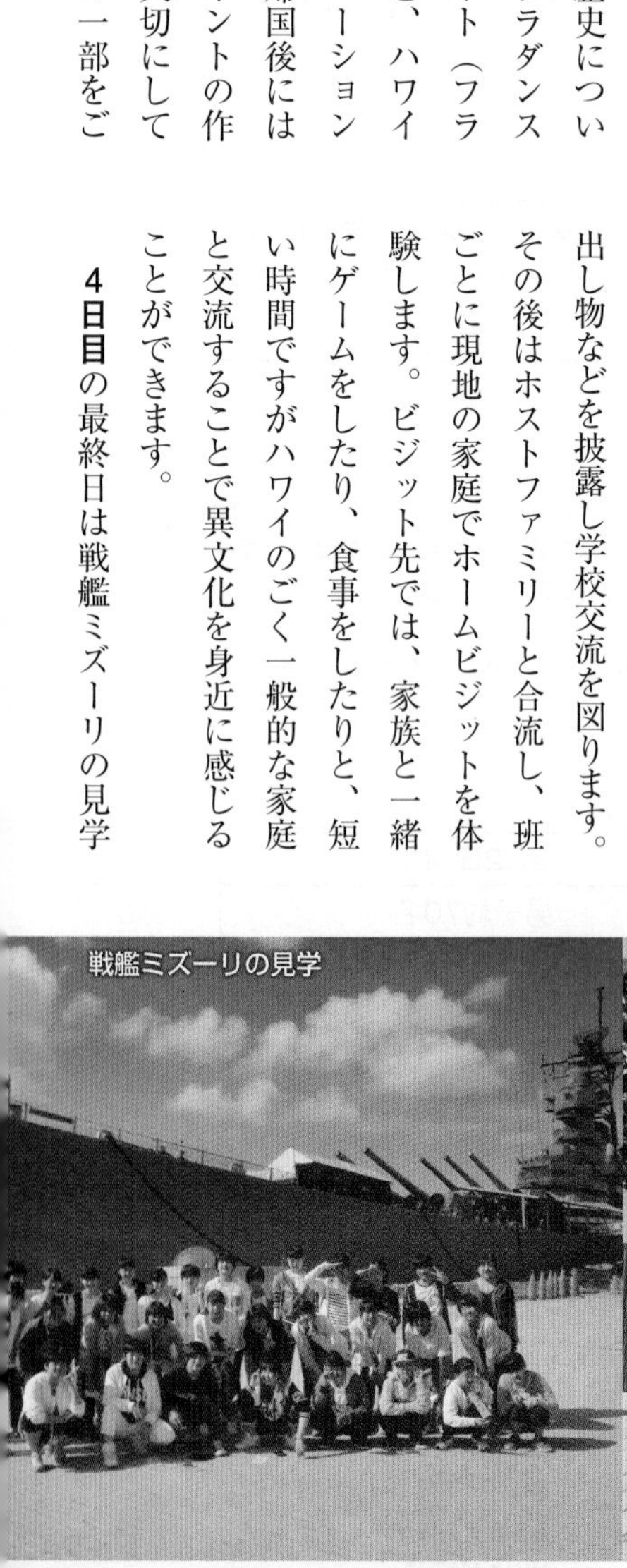
戦艦ミズーリの見学

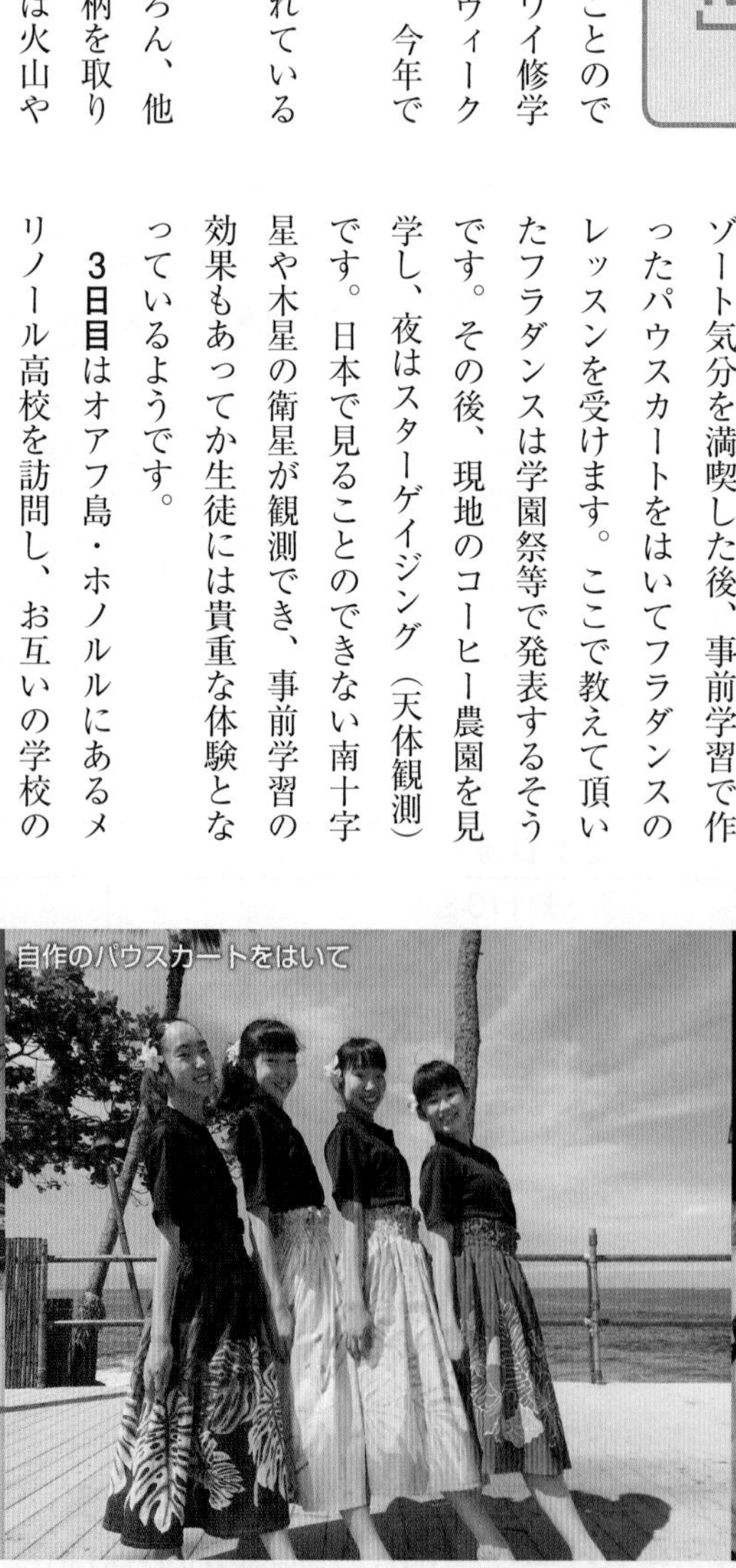
自作のパウスカートをはいて

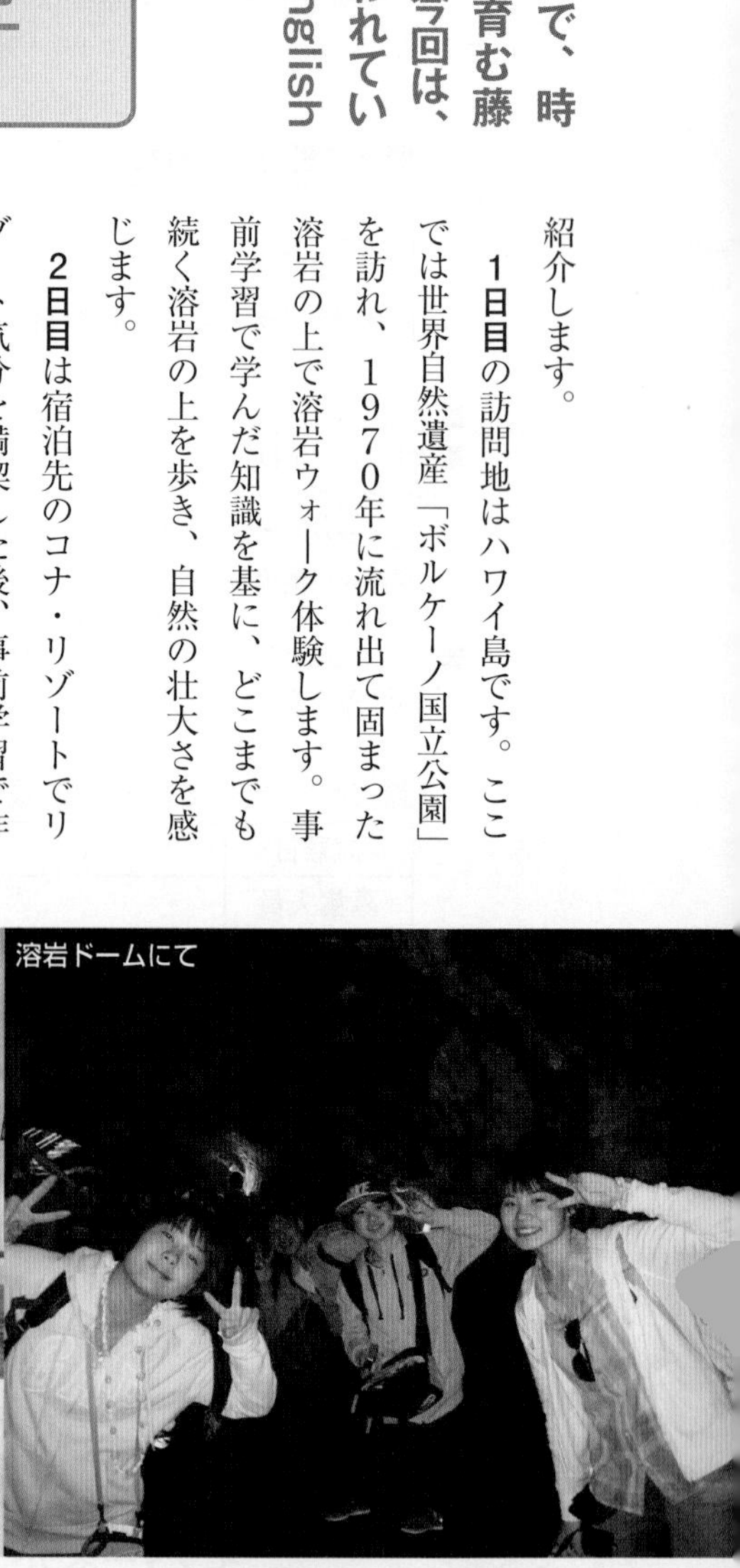
溶岩ドームにて

中1　架空の国を発表

中2　外国人観光客にインタビュー

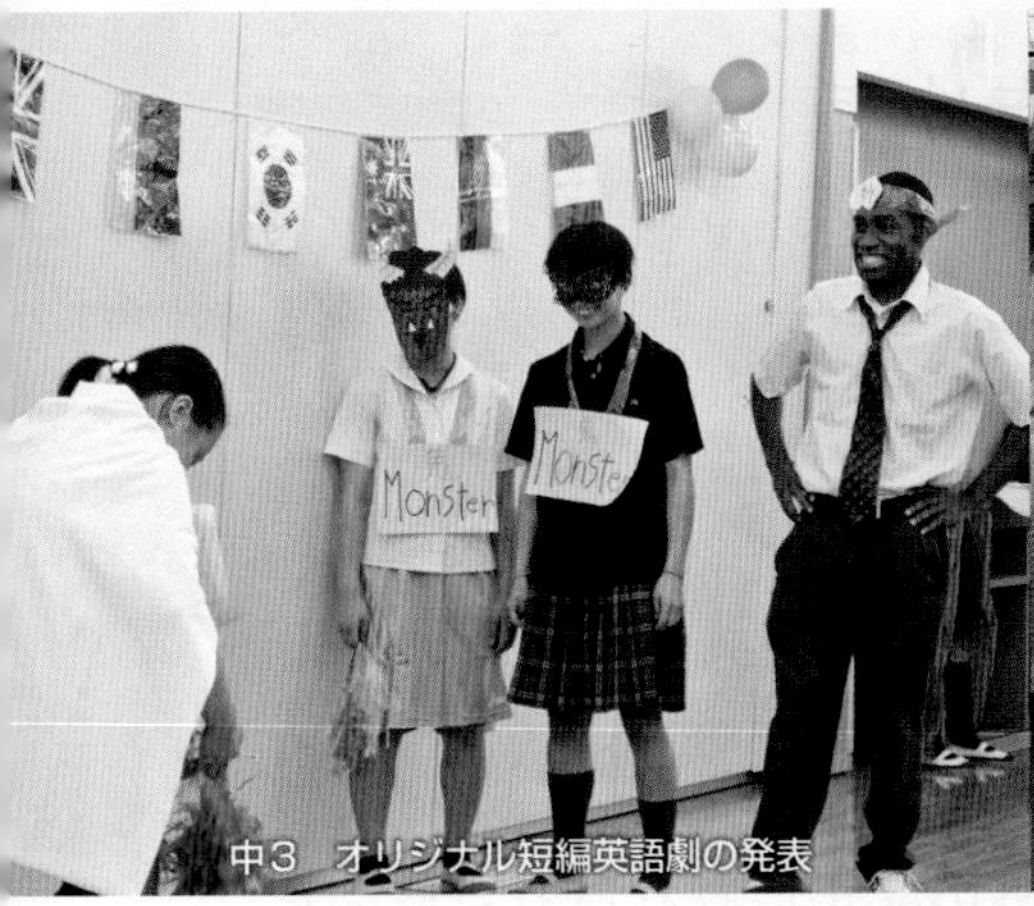

中3　オリジナル短編英語劇の発表

です。戦艦に残された戦争の傷跡をその目で確かめ感じることで、戦争の悲惨さ平和の大切さを改めて再認識することができます。

4日間の短い日程ですが、中学3年の今でしか感じることのできない何かをこの修学旅行で得ることができるのではないでしょうか。

英語を愉しむ3日間「English Days」

English Daysは、夏休み前の3日間、ネイティブの先生と一緒に英語を愉しむ特別授業です。この特別授業は、8人前後のグループに1人のネイティブ講師が付き添い、学年ごとに決められた課題につき討論形式で進められるアクティブラーニングです。3日目の最終日には英語でのプレゼンテーションがあり、個々の発信力を高めるためのプログラムにもなっています。では各学年のユニークな課題をご紹介します。

1年生：〝Country Creation〟

今年度の1年生の課題は、架空の国の出身者になりきりその国を紹介する〝Country Creation〟です。

国名や国旗、使われる言語や人々の様子などネイティブ講師と英語を愉しみながら独創的な国を創り上げていきます。

「今年は『猫の国』を考えたグループがあり、『こんにちは』『ありがとう』などを「にゃ〜」という猫の鳴き声をアレンジした猫語でプレゼンしていました。毎年どのグループも中学生ならではの発想豊かな国を創造して、愉しみながら英語を学んでいるようです」と入試委員長の廣瀬真奈美先生にお話し頂きました。

2年生：〝Tour Kichijoji〟

2年生は、吉祥寺の街を散策し、吉祥寺マップを制作する〝Tour Kichijoji〟です。グループ独自の感性で人気のあるショップや有名店などを探し、写真を撮りながら吉祥寺マップを制作します。

また、〝Tour Kichijoji〟のもう1つの愉しみが外国人観光客へのインタビューです。日本に来た目的や驚いたことなどを質問し、最後にプレゼン用の写真を撮影させてもらいます。

「驚きながらも、皆さん快く質問に答えてくださいました。逆に、どうしてこんな街中で外国人に話を聞いているのかとインタビューされたり、一緒に記念写真をお願いされたりと生徒には楽しい時間だったようです。そしてその様子を楽しそうにプレゼンする生徒たちの姿が印象的でした」と廣瀬先生も楽しそうに話して頂きました。

3年生：〝Storybook Skit〟

3年生は、おとぎ話をオリジナルにアレンジした短編英語劇の発表〝Storybook Skit〟です。ネイティブ講師と相談しながら昔話やアニメなどを組み合わせてオリジナルの台本を制作します。劇で使用する小道具や衣装なども生徒たち自らが製作し、随所にユニークな内容がちりばめられ、毎年大変な盛り上がりになるようです。

「この3年生の英語劇は大人気で、1・2年生はわれ先にとステージの前に集まってきます。私たち教員たちも毎年楽しみにしているプログラムの1つです」と廣瀬先生。

藤村女子には、今回ご紹介した内容以外にも楽しみながら学ぶユニークなプログラムが沢山用意されています。ぜひ一度学校説明会や学校見学に訪れてみてはいかがでしょうか。

学校説明会
（予約不要）

11月12日 土 14:00

12月10日 土 14:00
※入試解答解説あり

1月14日 土 14:00

2月25日 土 14:00
※4・5年生対象

SCHOOLトピックス!

生徒の視野を広げ積極性を引き出す
体験を重視した多彩な国際理解教育

獨《どっ》協《きょう》中学校

School Information（男子校）

所在地	東京都文京区関口3-8-1
アクセス	地下鉄有楽町線「護国寺駅」徒歩8分、地下鉄有楽町線「江戸川橋駅」徒歩10分、地下鉄副都心線「雑司が谷駅」徒歩16分
TEL	03-3943-3651
URL	http://www.dokkyo.ed.jp/

生徒が海外の文化に触れられる機会を様々な形で用意し、海外の人とも積極的に交流できる人材を育てる獨協の国際理解教育についてご紹介します。

ドイツ研修旅行

蜂蜜の研究を行う現地の学生との交流

イエローストーンサイエンスツアー

温泉から採取したバクテリアを観察

海外との強いつながり
新たな取り組みに期待

獨逸学《どいつがく》協会学校を前身とする獨協中学校（以下、獨協）。創立当時から国際的な視野を持ち、現在も体験を重視した国際理解教育が展開されています。中学ではまず英語に親しみ、高校では実際に海外へ行く機会が用意されています。その一部をご紹介すると、研究者と共に公園内をめぐるイエローストーンサイエンスツアー（高1・高2）、ハワイ大の学生と交流するハワイ修学旅行（高2）など、独自の内容が目立ちます。

「本校では、実際に体験させることを大切にしています。海外の文化に触れる機会を多数用意することで生徒に刺激を与え、将来海外に飛び出したいという積極性を引き出せると考えているのです。本校の生徒たちは英語でコミュニケーションをとることにあまり抵抗がなく、現地の方ともすぐに仲良くなれるのが特徴です」と笠井淳三副校長先生。

英語の授業は週7時間あり、アメリカ人とイギリス人の2名のALT(Assistant Language Teacher)も授業に参加しています。ALTから欧米の文化や歴史を学ぶプログラムも用意され、英語教育がさらに充実。

また、高1からドイツ語を学べるのも獨協ならではです。例年約3割以上が学び、そのなかの数人は夏に行われるドイツ政府主催の短期留学にも参加しています。ドイツ語を学ぶことで、ドイツを中心としたヨーロッパへの関心が高まり、生徒は広い視野を身につけられるのでしょう。

「今後の国際教育の課題は、ドイツとの交流を充実させていくことです。現在もドイツ研修旅行（中3・高1）を実施していますが、国内でもドイツ文化に触れられるように、今年度から、ドイツの大学から学生を受け入れて、生徒たちにドイツ語などを教えてもらうプログラムが始まります」（笠井副校長先生）

英語教育の充実、ドイツとの関係を深める新たなプログラムの導入、海外との強いつながりを持つ獨協独自の国際理解教育に今後も注目です。

学校説明会

学校説明会　予約不要

11月13日（日）　13：30～15：30
12月25日（日）　11：30～12：30
1月15日（日）　10：00～12：00
獨協中学校体育館

入試問題説明会　予約不要

12月25日（日）　10：00～11：15
獨協中学校体育館

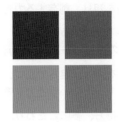

大人も子どもも

本からマナブ

今回ご紹介するのは、昨年ノーベル賞を受賞した大村先生についての本と、お子さんの能力を伸ばす際に役立つ本の2冊です。

BOOKS COLLECTION 71

苦しくてもがんばった努力の人生に学ぼう

子ども向け

大村智ものがたり
苦しい道こそ楽しい人生

馬場 錬成 著
毎日新聞出版
1100円+税

この本は、2015年（平成27年）にノーベル生理学・医学賞を受賞した大村智先生の歩んできた道について書かれた本です。

学者として世界最高の賞を受賞した大村先生ですが、けっして恵まれた道を歩んできたわけではありません。多くの苦労をして、失敗も重ねてきました。その結果として、世界中の人から感謝されるような薬の開発につながる成果を残したのです。

大村先生は、この本のはじめに「研究をするときは人のまねは絶対にしないと自分に言い聞かせ、いつも新しいことに挑戦してきました。全力を挙げて一生懸命やっていると、応援してくれる人も出てきて、いい結果につながります」と述べています。

どんなに厳しい環境のもとであっても、地道な努力を重ね、研究を続けてきた大村先生の生き方は、多くの人の励みになるばかりでなく、勉強するということの本当の意味を私たちに教えてくれるような気がします。

ノーベル賞を受賞する先生もごく普通の人であり、コツコツと人のしないことを続けたからこそ大きな仕事を成し遂げたことが分かるでしょう。

それぞれの子に合った能力の伸ばし方を考える本

大人向け

医師のつくった「頭のよさ」テスト 認知特性から見た6つのパターン

本田 真美 著
光文社新書
740円＋税

著者はタイトルにもあるように、医師、小児発達の専門医です。本書では医学的な知見をベースに、「頭がいい」とはどういうことなのかを、分かりやすく説明しています。

特徴は、「頭のよさ」を、ペーパーテストや知能テストといったもので一面的に見るのではなく、「認知特性」という独自の観点から分析し、具体的にその活用法を紹介している点です。

「認知特性」とは「外界からの情報を頭の中で理解したり、記憶したり、表現したりする方法」のことです。

「認知特性」には、「写真タイプ」「三次元映像タイプ」「言語映像タイプ」「言語抽象タイプ」「聴覚言語タイプ」「聴覚＆音タイプ」の６つがあるといいます。自分がどのタイプであるかは、掲載されている質問に答えることで分かるようになっています。

６つの「認知特性」は、どのタイプが優れていて、どれが劣るというものではなく、それぞれの特性に応じた能力の伸ばし方があると述べられています。この特性を理解し、それぞれに合ったアプローチをすることで「頭のよさ」を開発できるというのが著者の主張です。

やや専門的な内容も少し含まれてはいますが、全体としては、より効果的に頭脳を働かせるには、どうしたらいいのかが書かれた本です。

もしかすると、大人の思い込みによって、お子さんの能力を適切に伸ばせていない場合もあるかもしれません。固定観念を振り払う意味でも、ぜひ一読をおすすめします。

中学受験

2020年大学入試改革の狙いに対応

問題発見・解決型パズル×40

適性検査の考え方に即した出題も

公立中高一貫校受検にも対応

ことわざや慣用句は、中学受験のポイントとして大切な学びです。この本では、さまざまなタイプの「言葉パズル」を解くことで、ことわざや慣用句が知らずしらずのうちに覚えられるように工夫されています。

解き方は、わからない部分を発見し、解決するために、ほかのキーワードをみつけて解いていく「問題発見・解決型」です。意味や言い回しがキーワードになってはじめて、パズルが解けるようになっているのです。

また、国語の得点力アップに欠かせない入試頻出のことわざや慣用句は、くりかえしでてくるように仕掛けられており、いつのまにか定着してしまいます。

パズルDE合格シリーズ ことわざパズル 慣用句も覚えられる

やまじ もとひろ 著　Ａ５判　128ページ　並製本　定価1,200円＋税

全国書店、ネット書店、弊社ホームページよりお買い求めください。

株式会社 グローバル教育出版

東京都千代田区内神田2-4-2 グローバルビル

電話03-3253-5944　Fax 03-3253-5945

http://www.g-ap.com/

郁文館中学校
日本一、生徒が
夢を語る
学校を目指します。

世界が認めた工学院教育

グローバル社会で活躍するために！
21世紀型教育を実現する3つのクラス

ハイブリッドインターナショナルクラス
（英語・数学・理科を英語イマージョン教育）

ハイブリッド特進クラス
（文理融合型リベラルアーツ）

ハイブリッド特進理数クラス
（実験・ICT教育を強化）

世界から必要とされる若者になるための教育を行います。

グローバル教育
（英語イマージョン）

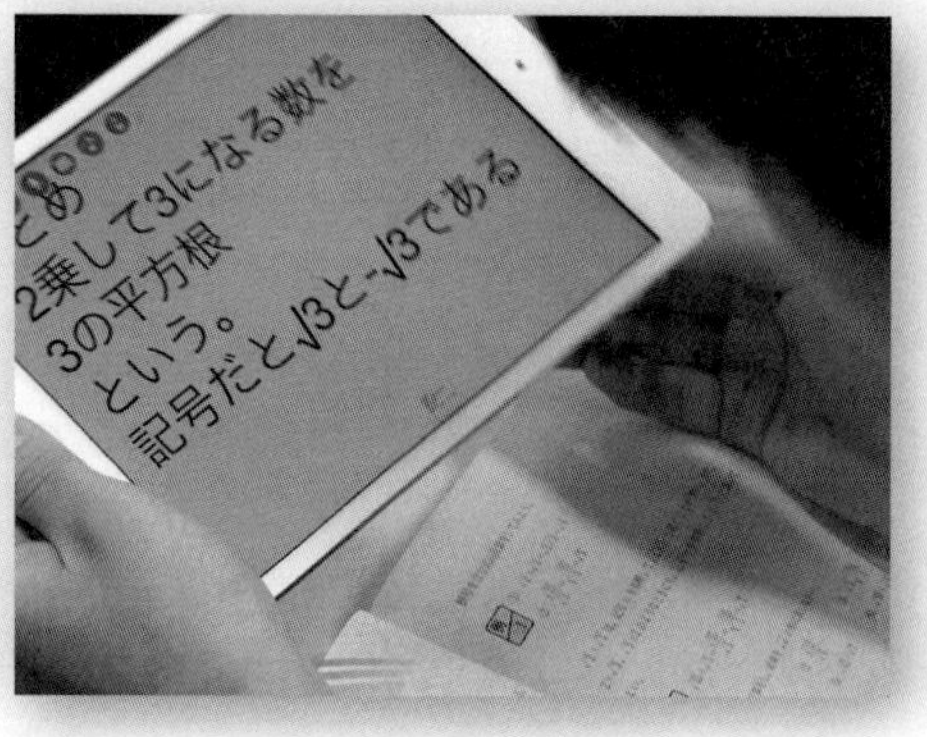

ICTの活用
（iPadと電子黒板を連動した授業）

アクティブラーニング
（PIL・PBL）

学校説明会（要予約）

第3回 11月 5日（土） 10:00～（思考力セミナー10:00～、体験学習13:00～）

第4回 11月27日（日） 10:00～（入試本番模擬体験10:00～）

第5回 1月14日（土） 14:00～（直前対策講座・思考力セミナー14:00～）

クリスマス説明会＆進学相談会（要予約）

12月24日（土）10:00～

■学校見学は随時受け付けています。詳細はHPをご覧ください。

入試本番模擬体験

11月27日 ㈰
10:00～12:00
〔小学6年生対象〕

予約受付中

入試本番の類似体験ができ、解説授業もあります。

●2科（国語・算数）
●思考力テスト
●英語
いずれか1つを選択してください。

工学院大学附属中学校
JUNIOR HIGH SCHOOL OF KOGAKUIN UNIVERSITY
〒192-8622 東京都八王子市中野町2647-2
TEL 042-628-4914
FAX 042-623-1376
http://www.js.kogakuin.ac.jp/junior/

You are the light of the world.
You are the salt of the earth.
あなたは世の光です。
あなたは地の塩です。
マタイ５章13節〜15節

開智日本橋学園中学校【共学】

東京都23区私立中学校初！国際バカロレアMYP候補校認定！

「6年あるから夢じゃない！」が合い言葉

開智日本橋学園は中高の6年間を4年+2年と大きく区切り、始めの4年間は中学・高校の学習内容を探究型授業で本質的に学ぶ時期とし、残りの2年間を大学進学に向けた高度な学習を行う時期としています。この6年間を通じて、世界と日本の難関大学へ進学できる力だけでなく、本当に世界で通用する学力と能力を養成していきます。

そこで、開智日本橋学園はどのような教育に力を入れるのでしょうか。一番特徴的なのが、昨年の9月より候補校として正式に認定された「国際バカロレア」のMYP教育を取り入れることです。

中1から高1までの4年間はMYP

開智日本橋学園では、中1から高1まで、国際バカロレアのMYP（中等教育プログラム）に準拠した学習を行います。授業科目は日本の中学、高校と同じ内容ですが、学習の方法が異なります。

MYPでは、教科の授業は知識を学ぶのでなく、どの教科でも学ぶ内容とそれが実社会とどのように関連を持っているかをしっかり踏まえて探究的に学びます。さらに、教科間の関連性を重視して授業を進めます。また、この4年間は世界には色々な文化や言語があること=多様性を理解し尊重する精神を養うとともに、その基となる日本の文化や伝統、歴史や言語をしっかり学び、アイデンティティを確立することにも力を入れます。さらに、コミュニケーションを重点とした教師と生徒の対話をもとに授業を進める双方向型授業や、教師が与えた疑問や課題を生徒たちがグループワークやペアワークを通して解決していく協働型の授業を多く取り入れます。

英語はじっくり、たっぷりと、他の教科と関連を持ちながら学びます

中学から本格的に学ぶ英語は、週8時間の英語の授業と夏、冬、春の長期休暇中の講習でたっぷり英語につかり、じっくり学んでいきます。英語の授業では、数学や理科などの内容を題材にして多読形式で学んだり、英語以外の教科でも、その教科に関連する単語や言葉を英語でどう使うかなどを学んだりします。

《学校説明会(要HP予約)》

日　程	時　間
10/29(土)	10：00〜
11/12(土)	10：00〜
11/27(日)	10：00〜 ※授業体験会あり
12/23(金)	10：00〜
1/14(土)	10：00〜

《入試日程》

日　程	時　間	試験科目
2/1(水)	AM	2科4科選択
2/1(水)	AM	適性検査Ⅰ・Ⅱ
2/1(水)	PM	特待生選考(4科)
2/2(木)	PM	2科4科選択
2/3(金)	PM	国算＋英・社・理から1科目
2/4(土)	AM	国算＋英・社・理から1科目

特に高2から開始する予定の国際クラスに進学する生徒が、世界標準の大学進学プログラムの資格を取得できるような英語力と学力を身につけるために、履修する教科の3分の1以上をオールイングリッシュで学ぶクラス（GLC・DLC）も開講しています。このようにして4年間で、英語で探究できる力や論述表現する力を身につけ、形式的でない本物の英語力を養います。

高2、3は国際クラス、国立理系など5コース編成

高2、高3は、大学進学に向け国際クラス、国立理系、国立文系、医学系、私大系と5つのコースに分かれます。

中でも、国際クラスの国語、英語、数学、物理・化学・生物、地歴・公民といった教科は、日本の高校の授業を越えたハイレベルの内容を学習し、近年始まる新しい大学入試へ対応する力を養うとともに海外大学の入試で求められるグローバルスタンダードの学力を身につけます。また、これらの教科とは別に、自分で研究課題を決め、調査・観察・実験を行いまとめる課題作文や学際的な学問分野の知識体系のもとに理性的な考え方や論理的思考力を養う授業、ボランティア活動や体育的活動等、単なる学習に留まらずに多様な学びを行います。このような学びがハーバード、ケンブリッジ、MIT、イェールといった海外の大学が求める知識偏重ではない、創造型・発信型・探究型の学力を育てます。

世界標準の大学進学プログラムの資格を獲得することができると、海外大学への入学許可や進学資格として認定されるのはもちろん、日本でもすでに大阪大、筑波大、国際教養大をはじめ、多くの大学で入学許可の一部として認める制度として取り入れられている「IB型入試」で大いに役立ちます。そのほかの、国立文系・国立理系・医学系・私大系のコースは、高2で受験に必要な内容を確実に学び、高3で大学進学に向け、徹底したコース別対策学習を行います。そのための基礎学力重視の授業展開や補習・講習なども充実しています。

開智日本橋の教育の特色

このような国際バカロレアMYPの教育プログラムは、開智日本橋学園で日頃から行われている「探究型学習（アクティブ・ラーニング授業＝探究型、協働型、創造型・プロジェクト型の授業・学び）」を裏付け、さらに学びを深くすることができます。MYPの学びと探究型の学びを通じて、自ら考え、自分の意見をもち、ディスカッションを通じて理解し合い、課せられた問題を解決していくことで、これから社会で求められる力を本当の意味で養います。その他にも「学びにより蓄積される知識を体系化し、繰り返しによって生徒に身に付けさせ、アクティブ・ラーニングの基となる知識としての学力を定着させること」や「先進的な研究を行う大学へ入学できるように、探究型の学びとしっかりした知識学習を行うこと」、「グローバル社会に対応した英語教育を充実し、一部の教科では英語で指導するイマージョン教育を取り入れ、学校内で英語を使う環境や親しみ慣れる場を創り、高校卒業までに全員が英検準1級以上を取得できるようにする」など、他校には見られない特色ある教育が実践されています。

また、探究型学習を行うのに適している30人以下の少人数クラス設定で、きめ細かな授業が確保されていることや、質の高い探究型授業など、生徒の学力と能力を伸ばす環境が整っている魅力いっぱいの学校です。

開智日本橋学園中学校

〒103-8384　東京都中央区日本橋馬喰町２－７－６
TEL　03-3662-2507
http://www.kng.ed.jp

＜アクセス＞
JR総武線・都営浅草線「浅草橋駅」徒歩3分
JR総武快速線「馬喰町駅」徒歩5分
都営新宿線「馬喰横山駅」徒歩7分

開智中学校の入試

自分の力が最大限に発揮できる多様な入試問題

今年3月、東大・旧帝大一工・国公立医学部に現役で計41名（中高一貫部の卒業生333名中）の合格者を出すなど、開智中学・高等学校は埼玉の私学で№１の大学進学実績や教育実践で注目されています。今回は開智の特徴ある入試について紹介します。

先端クラスと一貫クラス

開智には先端クラスと一貫クラスの2つのコースがあります。先端クラスは、新しい学びの創造を目指して、8年前に設置されたクラスです。既存の学びに加えて、自ら学ぶ姿勢を最大限に生かせるような、国際標準の探究型学習を導入し先端的な授業を展開しています。

一貫クラスは、習熟度別授業のより一層の充実を目指し、現実社会を見据えた知識や考え方を着実に積み上げ、実社会で活用できる応用力を養う授業を展開しています。今年3月には、先端2期生が卒業し、高い進学実績を残しました。

受験生に受けやすい日程・各回の入試の特徴

今年度は、**第1回、先端A、第2回、先端B**の順で入試を実施します。各回異なる傾向、異なる難易度の4回の入試で、自分に最適な入試回を選択でき、これまで努力して身につけてきた自分の力が最大限に発揮できる入試です。**先端A、先端B入試**では主に先端クラスの募集を行い、**第1回、第2回入試**は一貫クラスの募集を行う入試で、それぞれの入試問題などは次のようになっています。

第1回入試…合格者数が最も多い入試

1月10日（火）に実施される第1回入試は、都内難関上位校併願者向けの問題レベルとなっており、一番多くの合格者を出す入試です。この回の入試で合格して、是非、翌日の先端A入試に挑戦してください。

先端A入試…思考力が問われる入試

1月11日（水）に実施される先端A入試は、思考力を問うような問題や、比較的長い文章を読み解く力が求められる記述問題などを中心に出題され、都内の御三家など、最難関校併願者向けのレベルとなっています。この入試では合格者の4人に1人が特待生です。なお、今回の入試においても算数の問題は、昨年同様、取り組みやすい問題が出題されます。

第2回入試…第一志望の受験生に適した入試

1月12日（木）に実施される第2回入試は、問題の難易度としては標準的なものとなっています。開智を第一志望と位置づける受験生には一番適した入試です。

先端B入試…「開智に絶対合格！」の常道

1月23日（月）に実施され、先端クラスの募集を行う先端B入試は、都内難関上位校併願者向けの問題レベルで、先端A入試よりも取り組みやすい問題が出題されます。なお、最終回となる先端B入試は、他の入試回とは違う次のような特

徴的な合否判定も行っています。

①先端クラスだけでなく、一貫クラスへのスライド合格判定も行います…先端クラスへの合格点に達しない場合でも、一貫クラスへは合格することがあります。

②他の回の入試結果も参考にします…先端B入試で合格点に達していなくても、その他の回を受験し、基準点に達していれば、合格となります。

最難関併願校としても最適な開智の入試

開智の入試には第一志望としている受験生はもちろんのこと、他校との併願者も多く受験しています。これは、開智の入試が、併願者にも様々なメリットがあるためです。そこで、次に他校との併願者にとっても受験しやすい点を紹介します。

入学手続きは2月10日（金）まで

開智の入試では、どの回で合格した場合でも、予納金（入学金など）を納入する必要はなく、2月10日（金）が入学手続きの締切日です。

入学金が不要

開智は入学する場合でも入学金が不要です。入学手続きの際には、授業料に充当する納入金が必要ですが、これも、3月31日までに入学を辞退した場合には全額が返金されるので、併願校として経済的にも安心して受験することができます。また、初年度納入金は63万8000円です。

受験料への配慮

受験料については、2万円で3回まで受験することができ、2万5000円で4回すべてを受験することができます。さらに、開智未来中学校（1月10、11、12日は、午後に開智中学校およびさいたま新都心でも入試を実施）や開智日本橋学園中学校（2月1、2、3、4日に5回入試を実施）へ同時に出願する場合、合計の受験料は3万円で、3校合わせて14回の入試を受けることができます。開智を受験することにより、基本的な問題からハイレベルな問題まで、様々な入試問題に触れることができます。

得点通知により実力をチェック

どの回の入試でも、申込み時に希望すれば、各教科の得点と総得点を知ることができます。これによって、受験生自身の学習内容の到達度や弱点を確認することができます。

アクセスの良い受験会場

4回の受験のうち、第1回、先端A、第2回の3回は、開智本校の他にさいたま新都心でも入試を行います。（さいたま新都心駅から徒歩1分、新宿駅から約30分）

外部進学制

入試とは直接関係はありませんが、開智には指定した高校への外部進学制度があります。これは、中学3年次に、開成高校や筑波大附属など、開智が指定した高校を受験し、もし不合格であった場合でも開智高校中高一貫部に進学できる制度です。

大学入試で終わらない人材の育成

開智では、様々な個性や実力を持った受験生が入学してほしいという願いから、問題の傾向や難易度の違う4回の入試を行っています。そして、入学した様々な個性は6年間かけてさらに磨かれ、自己実現に向けて羽ばたいていきます。開智の教育は実社会に出てからも活躍できる人材を育てる教育として、より一層の進化を遂げています。

KAICHI
開智中学・高等学校
中高一貫部（共学）
〒339-0004
さいたま市岩槻区徳力西186
TEL 048−795−0777
http://www.kaichigakuen.ed.jp/
東武野田線東岩槻駅（大宮より15分）徒歩15分

■学校説明会・入試問題説明会

	日程	時間	バス運行（東岩槻駅北口より）
学校説明会	11/19（土）	13：30～15：00	往路12：45～13：45 復路15：10～16：10
入試問題説明会	12/3（土）	14：00～15：30（入試問題説明） 15：30～16：10（教育内容説明）	往路13：00～14：30 復路15：20～17：00

※すべての説明会、行事に予約は必要ありません。なるべく上履きをご持参ください。

■入試日程

	日程	会場		集合時間	合格発表
第1回	1/10（火）	開智中	さいたま新都心	午前 8：30	試験当日　午後10時00分（開智中HPのみ） ※掲示は試験日の翌日午前10時～午後6時
先端A	1/11（水）	開智中	さいたま新都心		
第2回	1/12（木）	開智中	さいたま新都心		
先端B	1/23（月）	開智中			

中学入試の新たな方向が見える 獲得したスキルを評価する選抜

見直される4科入試 英語のみ、スキル重視の選抜も

２０１７年（平成29年）入試は、これといって大きな話題はないものの、のちに振り返ってみたら「大きい変化だった」と言われることもあると思います。

それは、長らく4教科テスト一本できた中学入試の選抜方法が、中堅下位の入試では大きく後退し、例えば宝仙学園理数インターの「グローバル入試」では、以前からの東京都市大付属、大妻中野などと同様に帰国子女でなくとも英語1科で受験できます。システムは同じように見えますが、宝仙学園理数インターの場合、英語の4技能について選抜するようなのです。

これは4科→1科→「受け身でなくアクティブ」という変化ですから、まさに大学入試の今後の変化に対応する変化だと思います。どうしてこれが大きな変化なのかといえば、まず第一に序列で選抜するのでなく英語活用という「使えるスキル」で選抜する、ということです。算数はもう少し、国語もいまひとつ、しかし、英語なら結構いける、という受験生にとって新しく開かれたチャンスといえます。

従来の4科入試なら序列中下位を意識させながら入学させることになりますが、このやり方のよい点は、自己の得意なことで競わせることで、しかも相対評価ではなく基準（準拠）評価であることです。

英語でいえば、英検2級レベルの実力なら合格、といった基準を越えられるかどうかであって、他の受験生との競争ではない、ということです。

大学入試も目指す基準評価はよいが 果たして短期間で到達できるものか

しかし反面、小学校中学年から国内で取りかかってそのレベルまで到達できるか、といえば、小学校低学年から英語に親しみ取り組んでいなければ国内の児童ではなかなか難しいと言えます。その分「普通」ではない英語環境が必要だ、とも考えられます。

その対応策として、通常は英語塾通いなどが考えられますが、先日、渋谷教育学園幕張の先生から、ある卒業生姉妹のお父上（医師）の事例を聞かされてちょっとびっくりしたのでぜひお伝えしましょう。

というのも、そのご家庭では、ある時点がくると、お子さまには外国での体験型の滞在をプレゼントするのだそうです。

具体的な内容は忘れてしまいましたが（すいません）、おひとりはインドの貧困層救済のためのリーダー養成機関、

中学受験WATCHING

NAVIGATOR
森上 展安
もりがみ・のぶやす
森上教育研究所所長。
受験をキーワードに幅広く教育問題をあつかう。
保護者と受験のかかわりをサポートすべく「親のスキル研究会」主宰。
近著に『入りやすくてお得な学校』『中学受験図鑑』などがある。

また、おひとりはアメリカのNGOがやっているキャンプへの参加だったといいます。つまり、英語活用がベースで、かつ体験型、かつなんらかの社会的意義のある試みへの参加、であるわけです。その卒業生のお姉さんは医師になり、妹さんは、東京大の理ⅢでA判定を受けながら理Ⅰに入り、しかも進路選択で学部は社会学専攻に進んだ、といいます。

お父上からの、これらのイベントへのプレゼントが相当大きなインパクトを人生に与えたのだろうと、その先生も、そして小生も思いました。

「馬を水辺に連れて行くことはできても水を飲ませることはできない」ということわざがあります。馬が水を飲むかどうかは馬次第なので、人に対して機会を与えることはできるが、それを実行するかは本人のやる気次第であるという意味ですね。このお父上のお話は、その点でよく工夫された人生という水の飲ませ方だろうと思います。

コミュニケーションは、やはり対面体験が大切で、「謦咳《けいがい》に接する」という言葉もあるとおり、身近に接することのよさは、「話に聞くだけ」を何十倍も凌駕するでしょう。

ただ、こうしたイベントに出す費用もさることながら、このお父上の例では次のふたつのことが備わっていなければ実現しなかったでしょう。つまり、常日頃そういうイベントに関心を払っていること、そして親が子に提案すれば、提案を受け入れるだけの素地がお子さんにあることの2点です。

こうしたイベント体験は一人ひとりの興味関心を強め、さらにこの強みを強化することに役立ちます。体験型ですから、当然時間はとられますが…。

冒頭述べたようなスキルでの選抜（入試）になると、こうした強みが活きることになりますが、長く培った強みは活かせる反面、短期間の養成となると難しい面があります。

これまでの中学入試は多くの場合、いわば「学びのレッスン」によって教科の力をつけてきましたが、これは、あくまでペーパー上のもので体験型ではありませんでした。

両方ができる時間があればよいのですが、そこがこれからの受験生や保護者、そして学校も含めての選抜の仕方の課題でもあると思います。

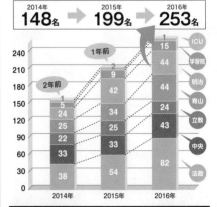

中学
1年生
から

世界のリーダーを目指して多彩な国際教育を展開

春《かす》日《か》部《べ》共《きょう》栄《えい》中学校

教育理念「この国で、世界のリーダーを育てたい」を掲げ、最高レベルの学力はもとより、これからの世界のトップに立って活躍しうる目的意識と、素養と、対案力と、そしてなによりも人間力を兼ね備えた新しいタイプのリーダーの養成を目指す春日部共栄中学校・高等学校。今年卒業の第８期生（132名）からは、医歯薬系大学や「早慶上理」をはじめとする難関大へ多数の現役合格者を輩出しました。そんな春日部共栄では、中学１年次より様々な国際教育を展開しています。

平成26年度より グローバルエリートクラス新設

優秀な大学進学実績を残す春日部共栄高等学校のもとに開校した、春日部共栄中学校。早いもので、今春、第8期生132名が高校を卒業しました。

卒業生のうち高知大などの医学部・医学科に6名、東北大や筑波大などの国公立大に17名合格。まさに、春日部共栄の中高一貫教育の優秀さが実証された結果といってよいでしょう。

そんな春日部共栄中学校では、これからの世界を導くリーダーの育成を目標とするグローバルエリート（GE）クラスと文武両道の国際派を育成するグローバルスタンダード（GS）クラスを設置。新しい時代に求められる中高一貫教育を追求します。

同校の学習指導は、ムダを省き、有機的に再構築した独自のカリキュラムによって進められ、6年次を大学受験準備にあてることを可能にしています。また、2020年度から導入される大学入学希望者学力評価テストに対応した指導を展開するとともに、海外名門大への進学に対応しているのも、春日部共栄らしさの現れです。

シャドーイング重視 国際標準の英語力を

「世界のリーダー」を目指すには、しっかりした英語力が不可欠です。毎朝授業

SCHOOL TOPICS

前の朝学習では、リスニングの力を養います。さらに、単語速習から暗唱コンテスト、スピーチコンテスト、英文法、英作文指導へと発展的に実力を磨きます。

　また、海外の大学進学も視野に入れ、受験英語の読解力や文法知識の理解と習得、さらにはコミュニケーションの手段として英語を使いこなせるようプレゼンテーション能力に磨きをかけています。そのほか海外の書物を多読することで英語圏の文化的背景までを身につけます。高度な留学英語検定にも挑戦、海外の大学でも通用する英語力を培います。

中学1年次から英語漬けになれるプログラムがたくさん

　世界のリーダーを目指す国際学習の機会は、こうした授業以外にもたくさん用意されています。

　中1・中2では夏休みに3日間のグローバルイングリッシュプログラムがあります。様々なバックグラウンドを持つ外国人講師のもとで、生徒は10人程度のグループに分かれ、英語を話す、書く、といったアウトプットをひたすら繰り返します。まさに英語漬けの3日間といっていいでしょう。

　中3次には春日部共栄独自のプログラムK－SEP（Kyoei Summer English Program）があります。英語圏の大学生を10人程度招き、彼らを先生として多様なプログラムをこなしていきます。ここでも生徒たちはグループに分かれて各先生につき、最終日の英語によるプレゼンテーションを目標に、協力しあいながら異文化理解に努めます。そして、中3の夏休みにはカナダ語学研修が行われます。

　現地での生活をエンジョイしながら英語力の修得、向上に邁進します。カナダは多民族国家でもあり、英語の勉強だけではなく、異文化理解にも最適な国です。

　こうした体験型の国際教育は高校にもつながっていきます。高1・高2ではアメリカのボストンやオーストラリアにある大学で他国から来た同年代の生徒たちと英語力やコミュニケーション力を高めあうことができるグローバル人材育成プログラムが、そして高2の修学旅行では1週間にわたってシンガポールとマレーシアを訪れます。これまで磨いてきた英語力を存分に試すチャンスがあるのです。

　このように、日ごろの学習と春日部共栄でしか経験できない体験型プログラムをとおして、将来世界で活躍できるリーダーを育てている春日部共栄中学校です。

＼School Data.／

春日部共栄中学校

【共学校】

埼玉県春日部市上大増新田213
東武スカイツリーライン・アーバンパークライン「春日部駅」バス10分

生徒数　男子218名 女子176名

☎ 048-737-7611

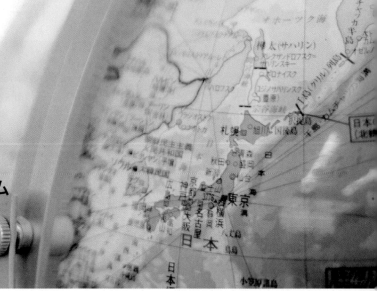

■学校説明会　④11/5(土)10:00~　⑤12/3(土)10:00~　⑥1/7(土)14:00~

● 学校所在地：193-0944　東京都八王子市館町2600　　TEL. 042-664-6000　FAX.042-666-1101
● アクセス：JR中央線・京王高尾線「高尾」駅・南口-京王バス③乗り場 約15分（直行便約10分）
　　　　　：JR横浜線・京王相模原線「橋本」駅・北口-スクールバス約25分
● HPアドレス：http://www.emk.ac.jp　検索

NEWS2016

ウナギ取引の実態調査へ

日本人の好物であるウナギ。

「土用の丑《うし》の日にはウナギの蒲焼きを食べる」という話を聞いたことがあると思います。日本人は世界で獲れるウナギの約７割を消費しているとされます。ですが、そのウナギの食文化に赤信号が点ろうとしています。

南アフリカのヨハネスブルグで開かれていたワシントン条約の締約国会議は、今年10月、欧州連合（EU）が提案したウナギの国際取引に関する実態調査を求める決議を賛成多数で承認しました。

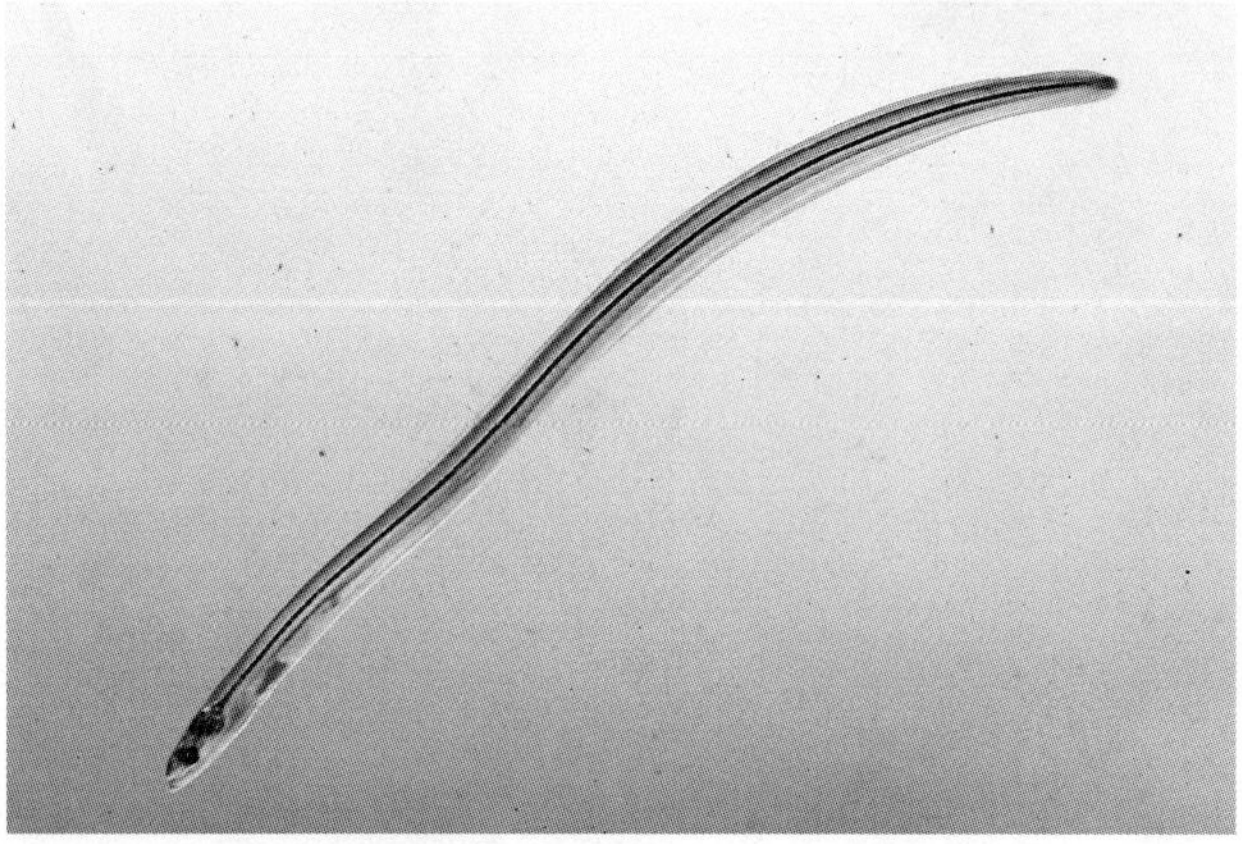

愛知県水産試験場内水面漁業研究所で養殖実験に使われているニホンウナギの稚魚・シラスウナギ（愛知県尾西市）。写真＝時事

同会議は２、３年に１回、開かれていますが、実態調査の結果によっては３年後に予定されている次の同会議で、ウナギの取引が規制される恐れが出てきました。そうなるとウナギの大量消費国である日本は大きな打撃を受けることになります。このため、日本政府はウナギ保護のための具体的な行動が求められることになりそうです。

ワシントン条約は、1973年に絶滅の恐れのある動植物を保護するため、国際取引を規制する目的で締結されたもので、日本は1980年に批准※しています。現在の締約国は181カ国にのぼります。

今回のEUの提案はウナギの漁獲量や流通の情報を各国が持ち寄って、保護策を検討しようというものですが、EUとしては、将来絶滅が心配されているウナギの国際的な流通を規制する狙いがあるものとみられています。

ウナギは世界に19種類ありますが、日本で消費されるウナギのほとんどはニホンウナギです。しかし、ニホンウナギの稚魚であるシラスウナギの国内での今年の漁獲量は13.6tで、1983年の31tに比べると半分以下にまで落ち込んでいます。これは乱獲や環境悪化が原因とされています。

一方で、1948年に設立された日本を含む世界85カ国の政府と各国の自然保護団体、科学者らでつくる自然保護機関である国際自然保護連合（IUCN、本部・スイス）は2014年６月、ニホンウナギを絶滅の恐れのある「絶滅危惧種」に指定し、「レッドリスト」に掲載しました。IUCNの指定には法的拘束力はないため、ただちにニホンウナギが漁獲制限されたりすることはありませんでしたが、将来、ウナギが食べられなくなるのではと、日本のウナギ愛好家の間に衝撃が走りました。

国内でのウナギの消費量は年々拡大し、1980年代にはヨーロッパのヨーロッパウナギが日本にも輸入されるようになりましたが、このため、ヨーロッパウナギは激減して、2009年のワシントン条約で国際取引が規制されてしまいました。

日本におけるウナギの漁獲量が激減していることは間違いないので、政府は韓国や台湾、さらには中国からの輸入を拡大する方針をとってきました。今回は国際取引が対象となるので、政府はこれら韓国、台湾などと資源管理のための協議を行う方針です。

もし、今回の決議による実態調査で、３年後にニホンウナギが、ヨーロッパウナギのように国際取引が規制されたり、禁止されたりしたら、輸入量が激減する可能性があり、そうなれば、私たちは今までのようにはウナギを食べられなくなります。このため政府は、東南アジアなどに生息するニホンウナギ以外のウナギの輸入を促進し、国内でのシラスウナギの養殖にも力を入れることにしています。

ウナギは日本の食文化に欠かせないものだけに、ウナギの保護を行いつつ、拡大する需要にもこたえるため、３年の間に有効な対策をとることが厳しく求められています。

※批准（ひじゅん）＝全権委員が署名した条約に対し、国における最終的な確認・同意の手続き。日本では内閣が行うが国会の承認を必要とする。

入試問題ならこう出題される　入試によく出る時事ワード

基本問題

2016年10月、南アフリカのヨハネスブルグで開かれていた（①　　　　）条約の締約国会議は欧州連合（EU）が提案したウナギの国際取引に関する実態調査を求める決議を賛成多数で承認しました。

（①　　　　）条約は（②　　　）年に絶滅の恐れのある動植物を保護するため、国際取引を規制する目的で締結されたもので、日本は（③　　　）年に批准しています。現在の締約国は（④　　）カ国です。

ウナギは世界に（⑤　　）種類ありますが、日本で消費されるウナギのほとんどは（⑥　　　　）で、
その稚魚は（⑦　　　　）と呼ばれています。

自然保護機関である国際自然保護連合（IUCN、本部・スイス）は2014年6月、（⑥　　　　）を絶滅の恐れのある「（⑧　　　）危惧種」に指定し、「（⑨　　　）リスト」に掲載しました。

発展問題

ワシントン条約での締結国会議で、ウナギの実態調査を行うことになりましたが、このことが日本人にはどんな影響を与えると思いますか。あなたの考えを150字以内で書きなさい。

基本問題　解答

①ワシントン　②1973　③1980　④181　⑤19　⑥ニホンウナギ
⑦シラスウナギ　⑧絶滅　⑨レッド

発展問題　解答例

今回の決議による実態調査の報告次第で、ニホンウナギがヨーロッパウナギのように国際取引で規制されたり、禁止されたりする可能性があります。そうなると輸入量が激減し、日本人が大好きなウナギが、今までのようには食べられなくなります。そうなる前にウナギの完全養殖の研究などを推進してほしいと思います。（145字）

【訂正】前号（2016年9・10月号）のこのコーナーで、EU原加盟国6カ国にイギリスを含めましたが、イギリスではなくイタリアの誤りでした。おわびして訂正いたします。確認が不十分でした。

城北中学校はICTの活用とイングリッシュ・シャワーでより高い進学を目指します！

城北中学校・高等学校は、男子の中高一貫教育校です。創立は1941年。無用な「飾り意識」を排し、真面目さと公正さを大切にして75年の歴史を刻んできました。今回は、そんな城北の新たな挑戦の一部をご紹介します。

いまスタート！ 新しい学び

ICT化

城北中学校は平成27年度から「ICT化計画」に着手し、今年度（28年度）8月には全教室（50教室）に65インチ大型モニターが備わることになりました。

もちろん、全校舎にアクセスポイントが配備してあります。つまり、校舎のどこにいてもインターネットとつながることができるのです。

また、全専任教員・講師にはセルラー型のiPadが配付されています。さらに生徒用のiPadを160台準備して生徒一人ひとりに配布し、これらを使った授業が始まっています。

全生徒が端末を持ち、先生と双方向のやりとりができる

これらにより、インターネット上のホームページや動画をすべての教室で見せることが可能になりました。

城北では、さらにインターネット経由のストリーミング配信をする放送網を構築し、カメラなどの機材やストリーミング配信用の機器の整備をすることにしています。インターネットを経由することで、様々な端末への放送を可能とする計画です。

現在、このiPadを利用しての授業が展開を始め、充実しつつあります。インターネット上にある情報を映し出すことだけでなく、教材そのものをモニターに映し出し、それによって従来の黒板型授業から、より視覚に訴える授業へと移行しています。

例えば、数学ではモニターに展開図を出したり、空間図形もぐるりと回して見ることができたり、切断面を見せたり、英語ではリスニングに活用し、社会では白地図に記入して見せる授業を展開しています。

また、ICT機器を使って、アクティブラーニングをサポートすることもできます。ロイロノートというアプリ

大型モニターの設置でよりわかりやすい授業が進む

明日に伸びる！この1校

城北中学校・高等学校

東京
男子校

を使うことにより、生徒一人ひとりが持っているiPadと教員が持っているiPadがアプリ上でつながり、双方向の授業が可能になります。生徒は、グループごとに教員から課された課題を議論し、グループごとや生徒個々が発表することも可能になります。

「使える英語」に強い味方

城北English Shower

3日間、朝9時から夕方3時50分まで「英語漬け」になるのが「城北English Shower」です。

最大の特徴は、生徒5～6人程度のグループにネイティブの先生が1人ずつついて英語でのコミュニケーションをサポートすることです。

中学1～3年生と高校1年生の希望者が対象ですが、それぞれの学年とも多くの生徒が受講しています。

今年度は7月12～14日に中学3年生・高校1年生のための「English Shower」を実施しました。

次回は12月16～18日の3日間実施する予定です。中学2年生が対象で、事前研修を行うなど十分な準備のうえで実施されます。

中学1年生については、来年3月に実施する予定になっています。

グレードはBasic Ⅰ/Ⅱ、Advanced Ⅰ/Ⅱに分かれ、Ice-Breaking ActivityからAll About the Teacher's Country、そしてGlobal Warming（地球温暖化）についてのDiscussion、最後にアウトプットとしてIndividual Presentationまで学び進めます。

ネイティブの先生方のNationality（国籍・出身）は、UK（イギリス）、USA（アメリカ）、Australia（オーストラリア）、CAN（カナダ）、Philippines（フィリピン）など様々で、先生たちとのふれあいのなかで、生徒はカルチャーの違いを身をもって知ることになります。

生徒と教員がアプリでつながり個々の主体的な学びが展開される

少人数グループにネイティブ教員が1人ずつ配置され話がはずむ

海外を見据える城北生

城北生の新たな進学意識

城北は、このような取り組み・実践を通じて生徒個々の能力を高め、日本の大学のみならず海外大学進学にも通じる学びをとおして、いま求められているグローバルな人材の養成に努めています。

このような取り組みを推し進めてきて、城北から直接、アメリカ・イギリス・カナダ・オーストラリアの大学への進学を希望する生徒も増えてきました。

城北は日々進化（evolution）をしています。

受験生のみなさん、城北でこのような勉強を進めてみませんか？

城北中学校・入試説明会

開催日	時間	場所	備考
11月23日（水・祝）	10時00分～	講堂	※中学校入試説明会は両日とも同じ内容となります。説明会開始30分前より、学校生活の様子を撮影したスライドを上映しております。
12月3日（土）	13時30分～		

平成29年度　城北中学校入試日程

	第1回	第2回	第3回
入学試験日	2月1日（水）	2月2日（木）	2月4日（土）
募集人数（男子）	約115名	約125名	約30名
試験会場・集合	午前8:20集合		
出願期間	1月20日（金）～30日（月）	1月20日（金）～2月1日（水）	1月20日（金）～2月3日（金）
出願方法	全日程　インターネット出願		
受験料	1回の試験につき25,000円		
合格発表	2月1日（水）18:00	2月2日（木）20:00	2月4日（土）19:00
	合格発表専用サイトより発表いたします。電話による問い合わせはご遠慮ください。		
試験科目及び試験時間	国語（50分・100点）　8:40　～　9:30		
	算数（50分・100点）　9:45　～　10:35		
	社会（40分・70点）　10:50　～　11:30		
	理科（40分・70点）　11:45　～　12:25		

※それぞれの詳細は平成29年度城北中学校募集要項でご確認下さい。

城北中学校・高等学校　男子校

〒174-8711 東京都板橋区東新町2-28-1
tel：03-3956-3157（代）
fax：03-3956-9779

東武東上線(各駅停車)：「上板橋」駅南口下車徒歩10分 、東京メトロ有楽町線・副都心線：「小竹向原」駅1番出口下車徒歩20分、都営バス：（新宿駅西口ー王子駅前）「小茂根バス停」下車徒歩10分、関東バス/国際興業バス：（高円寺駅北口ー赤羽駅東口）「小茂根バス停」下車同。
http://www.johoku.ac.jp

ジュクゴンザウルスに挑戦！

熟語パズル

「熟語のことならなんでも知ってるぞ」っていうジュクゴンザウルスが、「このパズル解けるかな」っていばっているぞ。さあ、みんなで挑戦してみよう。〈答えは103ページ〉

自	賛	自	画	自
由	業	給	問	縄
自	作	自	演	自
在	答	足	得	縛

【問題】漢字の「自」をふたつ含む四字熟語を７個集めました。【ヒント】を参考にして探し出し、線で消しましょう。四字熟語はタテ、ヨコ、ナナメに一直線に並んでいます。右から左、下から上に読むこともあります。
【例】を参考にして解きましょう。

【例】７つの果物の名前が隠れています。探し出して線で消しましょう。
イチジク、イチゴ、リンゴ、メロン、クルミ、クリ、ナツメ

メ	ツ	ナ	イ
ミ	ロ	チ	リ
ル	ジ	ン	ク
ク	ゴ	チ	イ

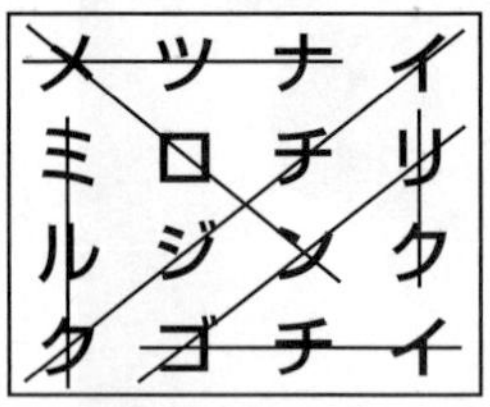

【７つの四字熟語のヒント】
①自分の言動にしばられ、自由に振る舞えずに苦しむこと。
②自分で自分のことをほめること。
③必要とするものを、全て自分でまかなうこと。
④自分の思うままに振る舞うことができるさま。
⑤自分の利益のためにつくりごとを仕組むこと。
⑥自分の行いの報いを自分が受けること。
⑦自分で問いかけ、自分で答えること。

駒込中学校

KOMAGOME Junior High School

共学校

知るとは出来ること！駒込のアクティブラーニング

併設型中高一貫教育の特色を活かした独自教育が魅力の駒込。グローバルマインドを育む教育内容をご紹介します。

新しい時代を見据えた温故知新の教育精神

1682年、了翁禅師により「勧学講院」が設立されたのを始まりとする駒込中学校・高等学校。330年を超える歴史を持つ伝統校です。仏教の教えのもとで伸びやかな個性を育む人間教育を重視すると同時に、温故知新を掲げ、時代に対応した様々な教育改革を推進している私立校として注目を集めています。

駒込の学校教育について、河合孝允校長先生に伺いました。

「技術の進歩がさらに進めば、単純作業は全て機械が担う時代が来るでしょう。そうなると、これまで人間が行っていた業務の多くは不要となり、職業観も大きく変わっていくはずです。変わりゆく世界を生き抜くためには、自己肯定感をしっかりと確立し、自分自身に誇りを持たなければなりません。学校は、これからの時代に求められるこうした能力を想定して教育を行う必要があります。本校では、変革の時代だからこそ、これまでどおりに教育の原点である基礎学力をきちんと育む点を重視しつつ、時代に対応するグローバルマインドを育てていきます」（河合校長先生）

「21世紀型」の生徒のための教育を具体的に見ていきましょう。

中学入試での英語特別枠入試（英検4級レベル）の導入や、高校から「国際教養コース」を立ち上げるなど、グローバルな人材育成に力を入れ、中学では1クラスを2分割した少人数制の英会話授業を実施。中1から英語を英語で学ぶオールイングリッシュ授業も取り入れています。さらに「夏休みハワイ語学セミナー」や、中3の「フィリピン・セブ島での短期語学研修」、高校での留学制度などもあるという充実ぶりです。

また、高度情報化時代に対応し、電子黒板・タブレット端末・プロジェクター・PC・インターネット・eラーニング教材等のICTを駆使した授業も展開され、生徒の学ぶ意欲を育んでいきます。

同時に、自国の文化・伝統・歴史を学び、世界で活躍する際の礎となるアイデンティティーを育みます。仏教修行生活を体験する日光山研修（中2）や比叡山研修（高1）をはじめ、心の教育にも重点が置かれている点も特徴と言えます。

時代を見据えた独自教育で生徒を伸ばす駒込中学校・高等学校です。

2017年度（平成29年度）入試情報

	第1回	第2回			第3回	第4回
試験日	2月1日（水）	2月1日（水）			2月2日（木）	2月5日（日）
集合時間	8:30	14:00			8:30	8:30
募集コース	スーパーアドバンスコース・アドバンスコース					
受験型	2科型または4科型	4科型	英語特別枠	適性検査型	2科型または4科型	4科型
募集定員	30名	40名			30名	20名

School Data

Address	〒113-0022 東京都文京区千駄木5-6-25
Access	地下鉄南北線「本駒込駅」徒歩5分、地下鉄千代田線「千駄木駅」・都営三田線「白山駅」徒歩7分
TEL	03-3828-4141
FAX	03-3822-6833
URL	http://www.komagome.ed.jp/

School Selection

保護者からの関心度も高い
男子校のキャリア教育

東《とう》京《きょう》都《と》市《し》大《だい》学《がく》付《ふ》属《ぞく》
中学校・高等学校

School Information〈男子校〉

- Address：東京都世田谷区成城 1-13-1
- TEL：03-3415-0104
- Access：小田急線「成城学園前駅」徒歩 10 分
- URL：http://www.tcu-jsh.ed.jp/

2009年（平成21年）に校名を改称し、8年目となる東京都市大学付属中学校・高等学校。独自のキャリア教育に高い関心が寄せられています。

志願者数3734名 6年連続で都内最多

「公正・自由・自治」を建学の精神として、かねてより、生徒主体の学びを大切に、アクティブラーニングを実践してきた東京都市大学付属中学校・高等学校。「たくましくせかいへ」を新しい学校テーマに掲げ、困難を恐れず、自己を確立し、グローバルに活躍する生徒を育成しています。

今年の志願者数は3734名。2011年（平成23年）から6年連続で、志願者数都内ナンバーワンとなっています。主幹教諭（広報部主幹）の桜井利昭先生によれば、入学時点で国公立・難関私立大学をめざしている生徒が多く、進学校として期待されていることを実感しているとのこと。桜井先生は「そのなかで、本校が大切にしていることは、大学ありきで進路を考えない、ということ。まずは将来やりたいことについて考え、そこから逆算して進路を決めるよう指導しています」と話されます。

そんな同校は、男子校ではめずらしい独自のキャリア教育を行っており、多くの保護者の方々から注目されています。そのプログラムの一つが、「キャリア・スタディ」です。

輝く卒業生とふれあい 夢・目標を見つける

「キャリア・スタディ」は、中学3年次の1年間、ロングホームルームの時間を使って行われます。桜井先生は、「中高一貫校において最もなかだるみしやすいのがこの時期です。生徒が目標を見失いがちなこの1年間を使って実施することに意味があるのです」と説明されます。

このプログラムの目的は、生徒が社会を通じて自分を見つめ、将来に目を向けること。

6月のスタート集会を皮切りに、医師や大学教授、会計士など人生の先輩方による講演会、マナー講座、企業研修などを経て、発表会を行います。

最大の特徴は、プログラムのほとんどに同校の社会人OBがかかわることです。桜井先生は、「生徒たちは、社会で仕事をし、活躍するかっこいい先輩を目の当たりにします。その姿にあこがれ、新たな興味を抱いたり、目標を見つけたりします」と話されます。

山場となるのは、8月の企業研修です。生徒たちは、約40社ある協力企業のなかから興味のある企業を選び、生徒だけのグループでアポイントメントから訪問まで行います。桜井先生によれば、この経験を経て、生徒たちの温度感がさらに高まるのだといいます。

「行くまではあまり乗り気でなかった生徒が、研修を終えて生き生きとした表情で私に言うんです。『あんなに輝いている大人を見たことがない。自分もあんなふうになりたい』と」（桜井先生）

このプログラムをとおして新たな興味・目標を見つけた生徒の何人かは、それに関連することを、高校1年次の「中期修了論文」のテーマに設定します。

この論文は、自分の興味のあるテーマについて、4000字以上にまとめるというもの。最後に発表も行います。「キャリア・スタディ」がチームプレーなのに対し、こちらは個人プレーです。一人で文献調査やフィールドワークなどをもとに作成していくなかで、論理的に文章を書く力、表現する力を高めていきます。

「生徒のなかには、この一連の経験のなかで、自分の将来の夢を見つける子がいます。例えば、もともと家づくりに興味があり、理系を志していたある生徒は、論文執筆をきっかけに街づくりに興味をもち、高3で理系から文系に進路を変更しました。数学や理科が得意だったにもかかわらず、です。本当にやりたいことを見つけ、それを実現するための進路選択をする生徒が増えています」（桜井先生）

学校説明会で会える！ ありのままの生徒たち

6月に行われたオープンスクールでは、いま、まさに自分を見つめ、将来を模索しながら学校生活を送る在校生たちが司会などを務め活躍しました。小学生やその保護者、合わせて約2020名が来場し、大盛況だったといいます。

「在校生の保護者の方々の口コミなどをとおして、多くの受験生の保護者の方々から注目していただいているようです。

また、来場された方の多くが、実際に本校を志願してくださっています。本校で行う学校説明会は、どの回においても生徒の自然な姿を見ていただけます。その雰囲気を感じ取っていただいたうえで、お子さまに合うと判断していただけているのであれば、とてもうれしいです」（桜井先生）

今後も、11月、12月、1月の説明会のほか、土曜ミニ説明会も複数回行われる予定です。興味のある方は、「たくましくせかいへ」羽ばたこうとする生徒たちの様子を、実際にご自身の目で確かめに訪れてみてはいかがでしょうか。

キャリア・スタディ：企業訪問

キャリア・スタディ：発表会

オープンスクールのプログラムの一つ「校舎の高さを測ろう！」

Event Schedule

●入試説明会〈要予約〉
11/20（日）、1/8（日）………… 10:00～12:30

●過去問チャレンジ〈要予約〉
11/20（日）………………………… 10:00～12:30

●イブニング説明会〈要予約〉
12/16（金）………………………… 18:30～20:00

●「授業見学ができる！」土曜ミニ説明会〈要予約〉
12/3、1/14、1/21 ……………… 10:00～11:30

※すべての説明会で帰国生&グローバル入試説明会を行います。

■2016年「MOVE ON プロジェクト」始動➡十文字はさらに前進します!!

21世紀のグローバル社会でもしなやかに逞（たくま）しく生きていけるように、正解のない課題に対しても論理的に前向きに考えて解決できる力を育てます。価値観の異なる意見も認めてともに協力しあい、どんな困難に直面しても決してあきらめない、オープンマインドを育てます。

MOVE ON プロジェクト①

中学では、スーパー選抜クラスで成果を上げてきたプログラムを全クラスに採り入れます。
中３から希望進路に応じたクラス分けを行います。

MOVE ON プロジェクト②

生徒の内発的動機付けを重視したアクティブラーニングをグレードアップ、さらにＩＣＴ教育の一環として全教室に電子黒板を設置し、デジタル教材を活用して生徒の能動的な学びをサポートしていきます。

MOVE ON プロジェクト③

理系進学者の増加に応えて実験室前フロアーをサイエンス・パークに改装し、ますます理科に興味を抱いてもらい、知的好奇心旺盛なリケジョを育てていきます。

■2017年度中学入試 ➡「多元型入試」をさらに進化させます!!

	帰国生入試	第1回スーパー型特待入試	思考力型特待入試	第2回スーパー型特待入試	第3回スーパー型特待入試	チャレンジ型入試	得意型特待入試
試験日	11／27(日)	2／1(水)			2／2(木)		2／4(土)
	午前	午前		午後	午前	午後	午前
募集人員	約10名	約50名	約10名	約60名	約20名	約20名	約10名
試験科目	英国算から2科選択	2科あるいは4科	記述式総合問題	2科	2科あるいは4科	算国あるいは英国	英あるいは算

◆入試説明会 予約不要

10/22(土)14:00〜15:45
11/10(木)10:00〜11:45

◆イブニング説明会 要予約

11/18(金)18:45〜19:45

◆入試体験会 要予約

11/20(日)10:00〜12:00
12/18(日)10:00〜12:00

◆個別相談会

12/23(金･祝)10:00〜16:00
1/ 7(土)10:00〜16:00

十文字中学・高等学校

〒170-0004　東京都豊島区北大塚1-10-33　Tel. 03(3918)0511
http://js.jumonji-u.ac.jp/

東京成徳大学中学校

ニュージーランドでの3カ月が生徒の英語力と心を育てる

創立100周年を見据えて「成徳」の精神を持つ
グローバル人材の育成を目指している東京成徳大学中学校は、
ニュージーランド学期留学を全員参加で実施します。

ニュージーランド学期留学を全員参加プログラムに

「成徳」（徳を成す）を建学の精神として、1926年（大正15年）に創立された東京成徳大学中学校（以下、東京成徳大中）。創立90周年を機に、2025年（平成37年）に迎える創立100周年を目指して「東京成徳ビジョン100」を作成しました。そこで、建学の精神と「五つの教育目標」（おおらかな徳操、高い知性、健全なる身体、勤労の精神、実行の勇気）を引き継ぎながら、これからの10年を見据えて「『成徳』の精神を持つグローバル人材の育成」に注力することを掲げています。

　そんな東京成徳大中のグローバル人材育成教育のひとつに、希望者を対象としたニュージーランド学期留学プログラムがあります。中3の1月上旬に日本を出発し、4月上旬に帰国するまでまるまる3カ月間、ニュージーランド・オークランドの現地校に留学します。

　スタート当初は希望者は10数人でしたが、「参加した生徒の保護者から教員に対して『先生、これはいいですよ』という声を多くいただきました。そういうことであれば、生徒に対してもっとこのプログラムをアピールしてみよう、ということで学内での広報の仕方を変え、現在では学年定員160名で3～4割が参加するようになりました。希望者自体は6割にものぼります」と中村雅一副校長先生は話されます。

　このニュージーランド学期留学が、2017年（平成29年）入学生から全生徒対象のプログラムへと生まれ変わります。

「これまでに参加した生徒は、スタートした13年前から合計で480名を超えますが、ひとりも途中でリタイアしていません。そして、日本に戻ってきてから高校の3年間が残っているわけですが、彼・彼女らのその後の3年間を見ていると、積極的な人間に変わりますし、英語のリスニング力も飛躍的に伸びます。そして一番大きいのは、生徒の親離れと保護者の子離れが進み、心が大きく成長することです。自分の将来設定も明確にできる生徒が増えることも特徴です」（中村副校長先生）

　こうしたメリットに加え、グローバル人材を育てるという目標に鑑み、とにかく自ら英語を話してみようというマインドを中学生から育てること、また、（異国の地で）失敗も含めて様々な経験をさせることで難問・課題にぶつかった場合に自己解決できる力を養うために、全員参加のプログラムにしようということになりました。

個人留学にできるだけ近い環境を用意

　留学の内容についてご紹介しましょう。

　ニュージーランド・オークランドとその周辺の学校に、1校3人までで留学します。3人までしか同じ学校に入れない理由は、日本語をできるだけ使わない環境に置かせたいからです。日本人が多いと、どうしても休み時間や放課後などに集まって遊んでしまいます。そうではなく、できるだけ個人留学に近い形にしたいという考えがあるのです。

「英語教育の部分では、4技能のうち、とにかくスピーキングとリスニングの力をつけたい。本校は、ライティングとリーディングはもともと力を入れてきた学校です。ですから、4技能をしっかりと鍛えることができれば、実社会はもちろん、来たる大学入試改革においても、アドバンテージになると考えています」と中村副校長先生。

ニュージーランド学期留学で生徒は大きく成長します

出発までには周到に準備が行われます。英語の授業では、留学に向けての一般的な必要知識や日本の伝統についてのおさらいなどがあります。中3の12月には国内で2泊3日のイングリッシュキャンプが実施され、英語漬けの環境を体験します。

現地では最初の2週間、現地の語学学校で短期集中型のカリキュラムを受け、英語に慣れていきます。そのあとは各自が1家庭ひとりでホームステイ先に移り、現地校での学習スタートです。

「最初の1カ月あたりでほとんどの生徒が壁にぶち当たります。言葉の壁、文化の壁、習慣や宗教の違いによる壁などに当たり、ホームシックになります。そうしたなかでひとりで考える時間が多くなり、いかに周りの人が自分のためにいろいろなことをしてくれていたかが身にしみて分かります。そして、これまで誰もリタイアした生徒がいないということは、それを乗り越えて、英語で自分をアピールして現地で友だちをつくったりしていくということです。3カ月になる頃にはみんななじんで、『日本に帰りたくない』と言います。『またニュージーランドに戻りたい』という生徒も出てくるほどです」（中村副校長先生）

このように、英語力と、人としての心の成長が望めるニュージーランド学期留学。当然費用が必要ですが、その点でも配慮がなされています。

「高校入学時に入学金はいただいていませんし、そもそも学費は東京の私立校の平均より安いです。また、この留学が全員参加となることで、中3での修学旅行がなくなります。ですから、総合すると6年間トータルでも東京の私立校の平均程度になる予定です。学習面でも進学塾に通う必要がない体制を整えているので、そういった出費も抑えることができるのではないでしょうか」（中村副校長先生）

ユニークかつ、生徒のこれからのために考えられているこの留学プログラムを、ぜひ東京成徳大学中学校で体験してみませんか。

School information

Address：東京都北区豊島8-26-9
TEL：03-3911-7109
Access：地下鉄南北線「王子神谷駅」徒歩5分、JR京浜東北線「東十条駅」徒歩15分
URL：http://www.tokyoseitoku.jp/js/

学校説明会

すべて10：00～11：30
11月 9日(水)※兼授業見学会
11月19日(土)、12月18日(日)
1月 7日(土)、 1月14日(土)

試して確かめる力を育む

＼親子でやってみよう／

科学マジック

描いたスルメがカールする不思議な紙

夏が終わり、さわやかな季節がやってきました。今回は、そんな季節だからこそうまくいくマジックをご紹介します。今回使用するトレーシングペーパーは100円ショップでも売っていますので、早速チャレンジして、お友だちをビックリさせましょう。

1 用意するもの

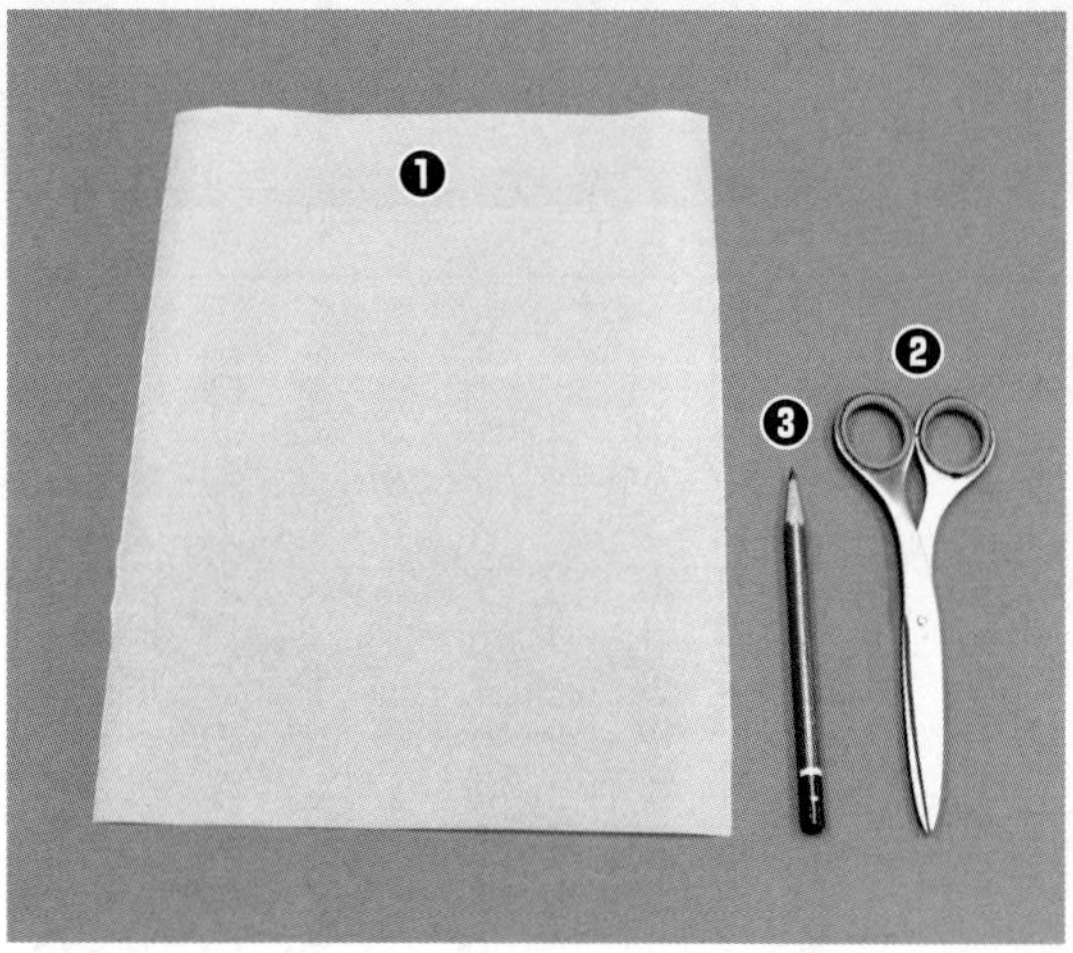

①トレーシングペーパー　②ハサミ　③濃いめの鉛筆など筆記用具

2 ハサミで切って短冊をつくる

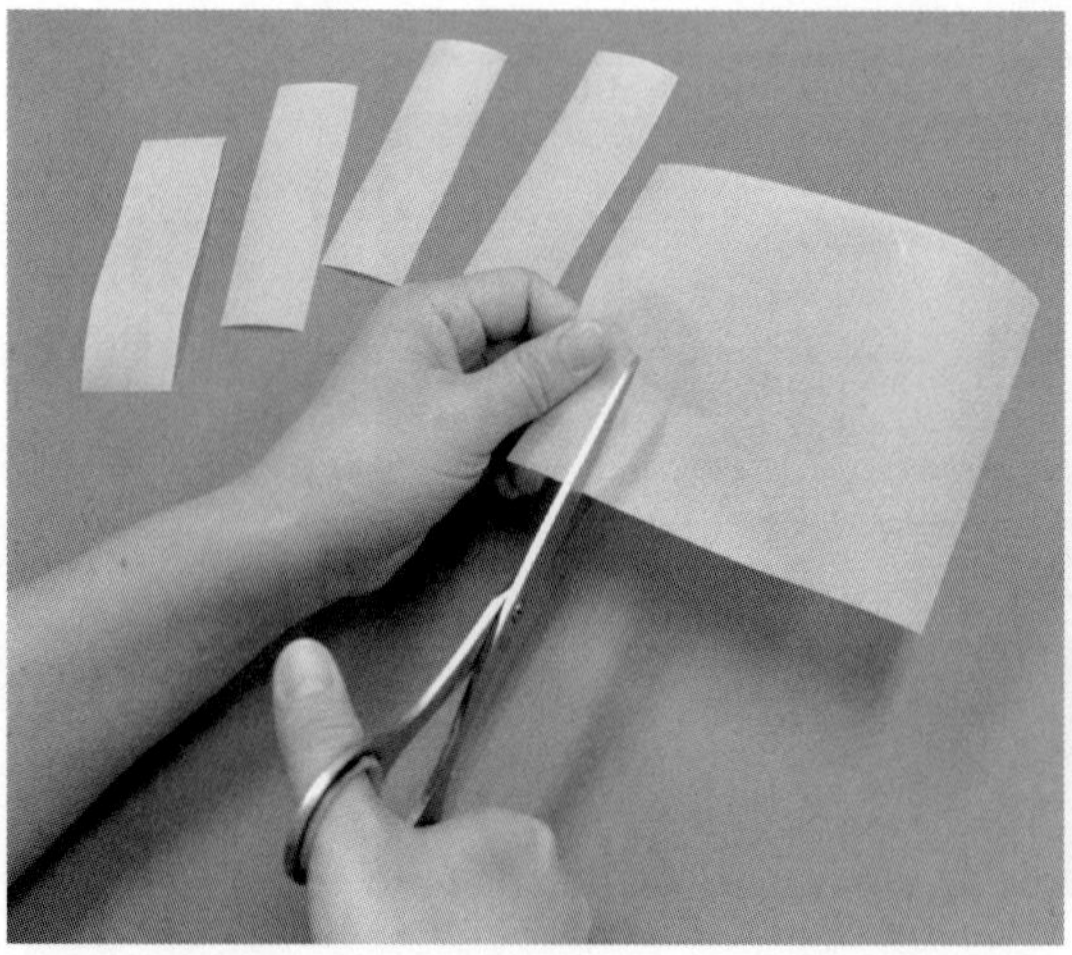

トレーシングペーパーを10㎝×2㎝程度の短冊に切って、5～6枚用意します。

3 短冊に絵を描きましょう

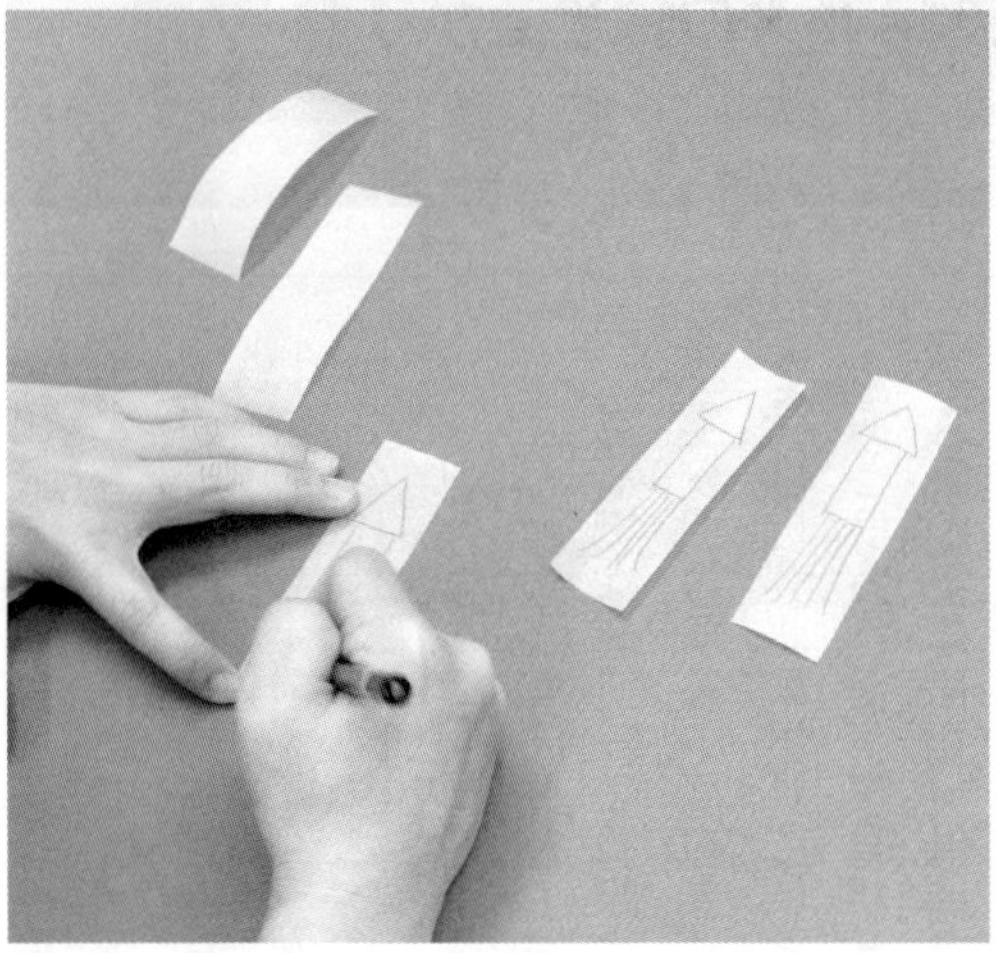

できあがった短冊に用意した筆記用具でスルメの絵を描きます。なぜスルメなのかは、あとで分かります。

4 短冊を手のひらに乗せる

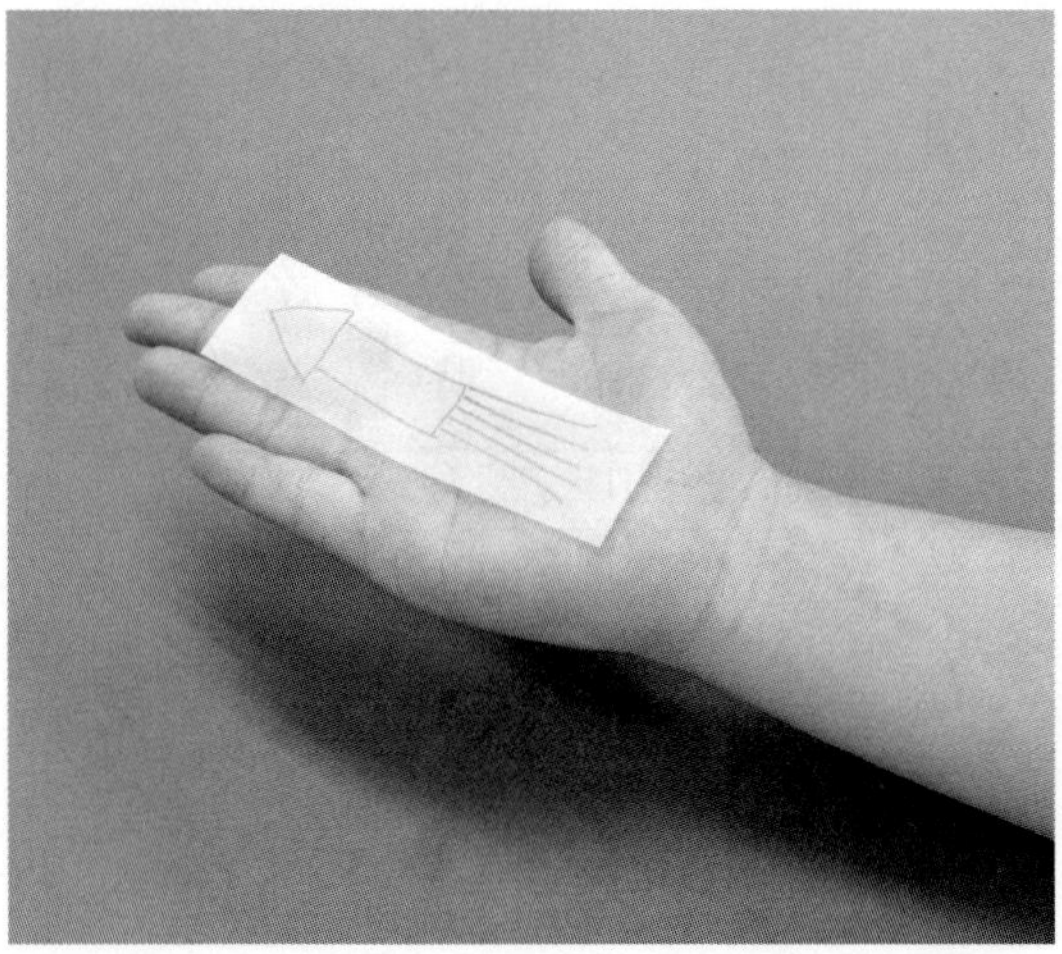

みんなの手のひらを開き、その中央にそれぞれ1枚、短冊をタテに置きます。

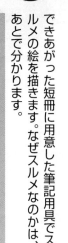

5 スルメが動き始めたぞ

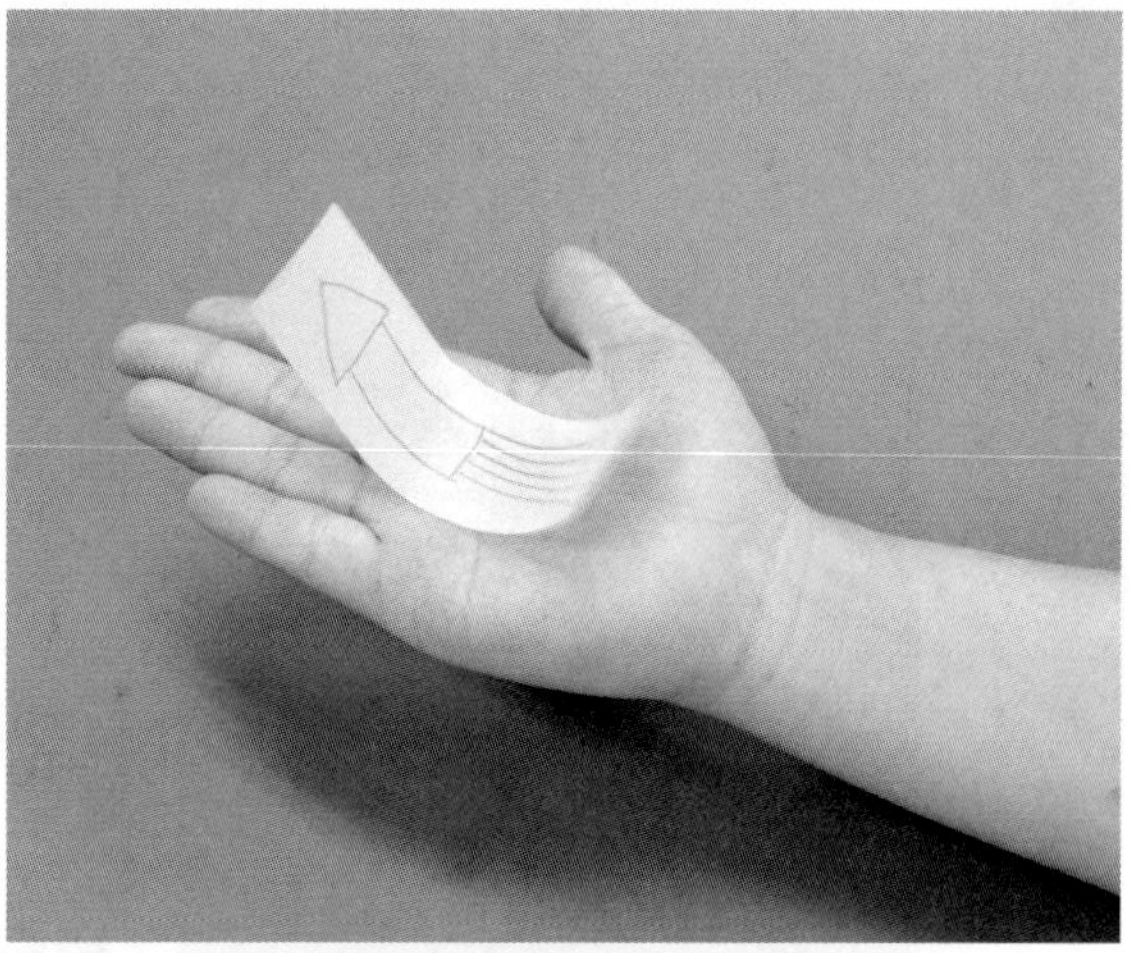

あれれ、なんだかスルメが動き始めました。

6 だんだんスルメが焼けてきた

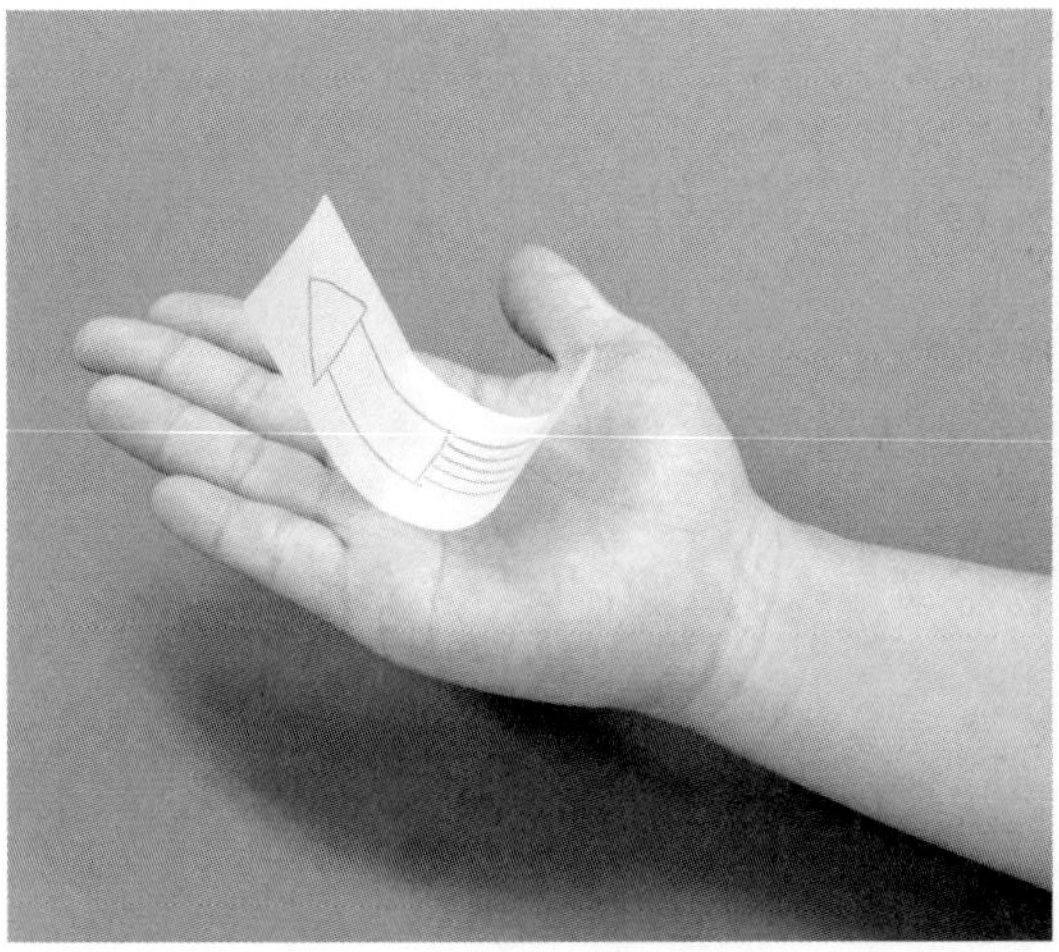

まるでスルメが焼けてきたように、アッという間に、上側に巻き始めました。

7 紙のスルメの焼き上がり

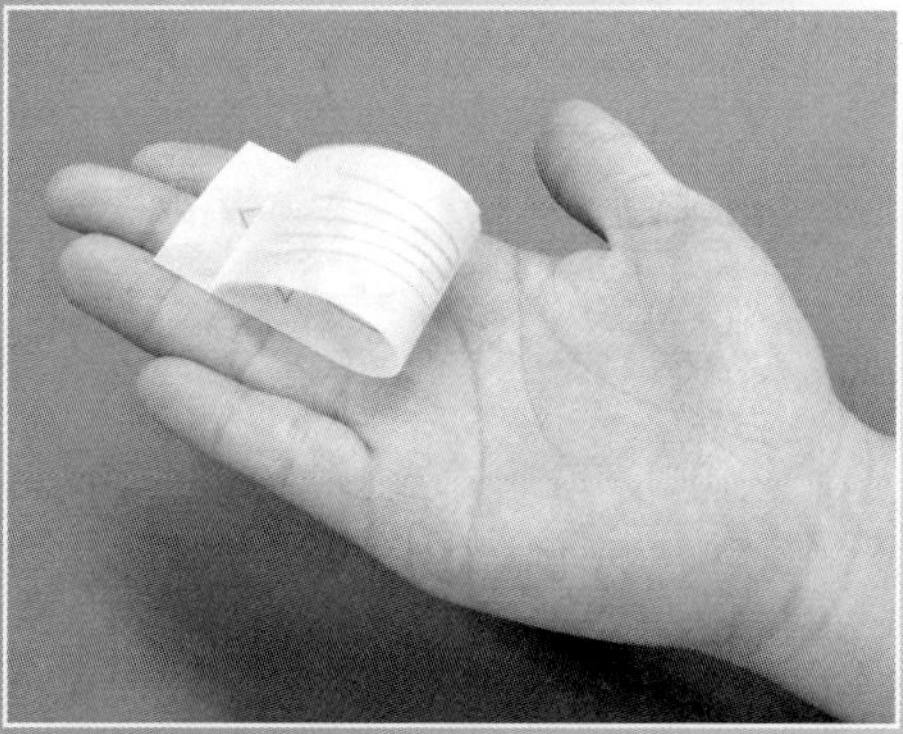

ついには、スルメが完全にカールしてしまいました。裏返してみたり、いったんテーブルにおくと元に戻り、またはじめからやり直すことができます。

解説

トレーシングペーパーは、透かして複写（トレース＝trace）するための薄い半透明の紙です。

トレーシングペーパーの特徴のひとつが高い吸湿性で、印刷所などでは、印刷直前に開封するなど、湿度に対する管理を厳しくしているほどです。

今回のマジックのタネは、トレーシングペーパーが手のひらの湿気をわずかに吸うことで、紙の表と裏の湿気に違いが生じてカールするところにあります。ですから、ひっくり返してみると、いったん元に戻って、また、はじめと同じようにカールします。

夏場など、湿度が高い季節ではうまくいきません。さわやかなこの季節にピッタリのマジックでした。

さて、非常によく似た紙に、調理に使うクッキングペーパーがありますが、こちらは水分をとおさないように、表面にシリコンやテフロンがコーティングしてあるので、このマジックには向いていません。

「誰かのために、まず、私から始めましょう。」

初代校長　マーサ・J・カートメル

東洋英和女学院中学部

学校説明会　11月 5日（土）13:30〜15:00　※全学年対象
入試問題説明会　11月26日（土） 9:00〜11:00　※6年生対象
（学校説明会・入試問題説明会）予約不要　個別の入試相談コーナーがあります。

ミニ学校説明会　12月26日（月）10:00〜11:00　※6年生対象　予約制

クリスマス音楽会　12月10日（土）1回目　13:00〜14:15
2回目　15:00〜16:15
※9／3・11／5学校説明会でアンケートを提出された方には11月末に案内状をお送りいたします。

2017（平成29）年度入試要項

	募集人数	願書受付	試験日	入試科目	合格発表
A日程	約80名	［窓口］1月20日（金）〜25日（水）9:00〜15:00 ※22日（日）を除く ［郵送］1月20日（金）〜25日（水）必着	2月1日（水）	4科・個人面接	ホームページ　2月1日（水）22:00 校内掲示　2月2日（木）9:00
B日程	約30名		2月3日（金）	4科・個人面接	ホームページ　2月3日（金）22:00 校内掲示　2月4日（土）9:00
帰国生	若干名		2月1日（水）	2科・受験生と保護者1名、日本語で面接	ホームページ　2月1日（水）22:00 校内掲示　2月2日（木）9:00

〒106-8507　東京都港区六本木5-14-40　TEL.03-3583-0696　FAX.03-3587-0597
http://www.toyoeiwa.ac.jp

アクセス　都営大江戸線「麻布十番駅」7番出口から徒歩5分
東京メトロ南北線「麻布十番駅」5a番出口から徒歩7分
東京メトロ日比谷線「六本木駅」3番出口から徒歩7分
東京メトロ千代田線「乃木坂駅」3番出口から徒歩15分
バス：渋谷駅から新橋駅前行き「六本木駅前」下車徒歩8分

輝いてます！ この1校

学習意欲を高め、学び続ける力を育成

女《じょ》子《し》聖《せい》学《がく》院《いん》中学校

創立111年目を迎えて、新たなステージを目指して様々な改革を行っている女子聖学院中学校。今回は授業改革、そして学習システムの充実について詳しくご紹介します。

さらに充実した JSGラーニングセンター

今年から学校改革「MISSION5」を行う女子聖学院中学校（以下、女子聖学院。MISSION5については『サクセス12』7・8月号をご覧ください）。「自ら学ぶ意欲を引き出し、学び続ける力を持った生徒」を育てるために、「MISSION1」として授業改革＋学習支援システムの充実を掲げています。

まず、学力増強システムの中心となっているのが日々の授業です。アクティブラーニングの要素を取り入れながら能動的に学ぶ姿勢を養い、基礎学力を定着させていきます。今年の夏には、中1から高3のホームルーム教室に電子黒板機能のついたプロジェクターが設置され、学習環境が整いました。

授業に加えて、得意科目を伸ばすため、実践的な内容を扱う課外授業「JSG講座」（希望者対象）があり、苦手科目克服を目指して、学習室での指名補習が行われています。

木村徹朗副校長先生は「本校は全生徒が特別な存在であるという考えを校是としているため、特進クラスを設けず、一人ひとりに合った学力の伸ばし方を提案してきました。その一環として、昨年から校内に『JSGラーニングセンター』を開設しています」と話されます。

JSGラーニングセンターは「家庭学習の『学校内完結』」と「『自立学習の習慣』の確立」を目指して昨年9月にオープンしました。学習の習慣づくりから大学進学の準備まで、個々に応じた学習支援をする「放課後学習支援センター」とも言い換えられます。「自習エリア」「質問コーナー」「受付・情報センター」「個別指導エリア」の4エリアで構成され、生徒を見守る職員やチューターが常駐しています。

利用時は、一人ひとりに発行されたIDカードで受付をすませます。自習エリアは原則私語厳禁で、友だちと一緒に来ても席が隣同士にならないように指定されます。質問コーナーではチューターに質問ができ、希望者向けに完全個室個別指導（有料）も用意されています。

昨年度まで中3から高2だった対象学年が今年度からは全学年へと拡大し、設備も拡充されました。「自習エリア」には個別ブース型の机が増設され、「個別指導エリア」にもホワイトボードつきの個室が新設されました。「受付・情報センター」も広くなり、廊下にあった「質問コーナー」も教室内に設置されました。

センター内にはチューターが5～6名、職員は2～3名常駐と、昨年から、さらに増員されています。

時間の面でも、「下校時刻を延長してほしい」との声が多く寄せられたことから高校生は最長20時まで残れるよう延長しました。中1は学校に慣れることを最優先とするため18時、中2と中3は19時が下校時刻になっています。

下校が遅くなるため、生徒の安全面にも細心の注意が払われています。グループ下校が推奨されており、どうしてもひとりで帰らなければならない場合は、人通りの多い場所まで教員が付き添います。また、入退室時のIDカードでの受付は、生徒の累積学習時間を記録するだけではなく、下校時刻を保護者の携帯電話に連絡する役目も果たしています。

さらに「腹持ちがよく、頭と身体

【説明会日程】

記念祭 要予約
11月2日（水） 11:00～15:30
11月3日（木祝） 9:30～15:30
ミニ学校説明会あり

卒業生が語る女子聖学院
11月19日（土） 14:00～16:00

女子聖Jr. Workshop（英語） 要予約
11月26日（土） 11:00～12:15

入試体験会 要予約
12月3日（土） 9:00～12:00

入試問題担当教師と在校生による直前アドバイス
1月14日（土） 10:00～11:00

普段の授業では、新しく設置した電子黒板を使用することも

個別ブース型の机で集中して勉強できます

赤本も多数そろっています

ラーニングセンターの受付・情報センター

受付・情報センターには、各学年のプリントが保管されています

個別指導エリアの個室

にいいスイーツ」としてオリジナルスコーンを女子栄養大学と共同開発。栄養面でも遅くまで勉強をがんばる生徒への気配りがなされています。

生徒の個人レベルに合わせたプリントデータベースを活用

ラーニングセンターの取り組みで、昨年度との大きな変更点は、国・数・英・社・理の教員が、教材提供をとおして積極的にセンターの運営にかかわるようになったことです。

「中1から高3までの6年分、5教科の分野別、レベル別のプリントデータベースをつくりました。それをもとに、教員から『この日はこの単元の何番を出してください』と指示が入り、担当者が受付・情報センターにプリントを用意します。そして、来室した生徒がプリントを受け取り、自習の前に取り組みます。生徒の個人レベルに合わせたきめ細かい対応ができるようになりました」と塚原隆行教頭先生は説明されます。

こうした取り組みの効果が、徐々にあがっています。定期テスト後に各学年の教員にアンケートをとったところ、点数が伸びている生徒や、まだ数字には表れていないが学習姿勢がよくなっている生徒が増えてきたそうです。

これまで希望者が利用していましたが、今年の中1から全員利用が基本となり、「学校で学んで帰る」という習慣が生徒のスタンダードになりつつあります。そして、そうした習慣が志望大学の合格へとつながることが期待されています。

「先生方に今お願いしているのは、模試の蓄積データを活かした指導です。生徒の成績を共有して効果的な学習を進めていくために、一人ひとりの先生に受け持つ生徒の成績一覧を渡し、それを参考に生徒の力を伸ばしていってもらいたいと思います。

また、課外講座も生徒の自主性に任せた希望制でしたが、教員から積極的に声かけを行うことでより多くの生徒に参加してほしいです。様々な取り組みを行うことで、『入って伸びる女子聖学院』をしめしていきたいです」と塚原教頭先生。

新たに始まった取り組みによって、さらに進化した姿を想像することができる女子聖学院中学校です。

女子聖学院中学校

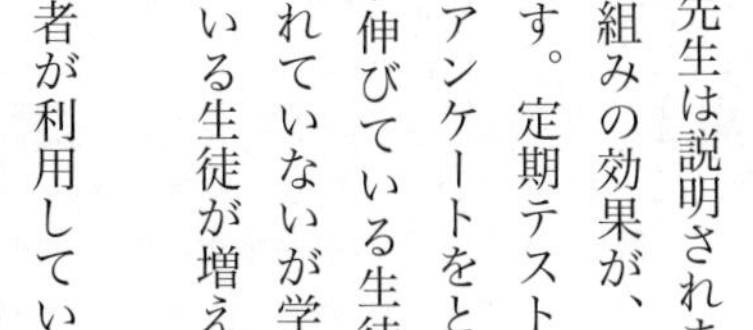

住所：東京都北区中里3-12-2
URL：http://www.joshiseigakuin.ed.jp
電話：03-3917-2277
広報室直通：03-3917-5377
アクセス：JR山手線・地下鉄南北線「駒込駅」徒歩8分

教えて中学受験Q&A

6年生

Question

入試直前期には家庭教師をつけた方がいいの？

中学受験における入試直前期のことでお伺いします。入試が近づいてきた追い込み時期になると、塾に加えて家庭教師をつけるご家庭も多いと聞いています。家庭教師はつけた方がいいのか、つけない方がいいのか、果たしてどちらの方がいいのでしょうか。

（港区・H．M.）

Answer

塾のサポートで十分と言えますがどうしても不安な場合は相談を

結論から言えば、原則、家庭教師をつける必要はないと考えます。通っている塾では、各受験生に対応した万全の方策が立てられているはずです。受験のプロである先生方は、豊富な経験から「いつ、何を、どう勉強したらいいのか」を具体的に指導してくれます。その方針に沿って受験を迎えることが、合格への近道であることは間違いないでしょう。

しかし、それでもなお不安が残り、学習上の弱点が明確で、その克服のために家庭教師をお願いする事例がないとはいえません。ただ、安心感を得るためだけに家庭教師をつけても、依頼心が強くなるだけで、学力の向上に結びつかないケースも少なくありません。

ですから、家庭教師をお願いするかどうかは塾に相談のうえで決めた方がいいでしょう。そうすることで使用教材や指導方針など、塾での学習と相乗効果のある方法を提示してもらうことができますし、塾と家庭学習に違いが出たり、非効率な勉強を避けられるメリットもあります。

疑問がスッキリ!

2~5年生

Question

学校選びの方法と情報の集め方は?

小学校4年生の長女が、中学受験を前提に進学塾に通い始めました。ひと口に「私立中」と言っても数多くあるため、みなさんはどのようにして受験する学校を選んでいるのか、また、具体的にどのようにして学校情報を得ているのか教えてください。

(相模原市・S. Y.)

Answer

様々なイベントやホームページを活用しましょう

私立校だけでもかなりの数があるため、どの学校が適しているのか迷うという声は数多く届いています。学校数が多いということは、それだけ選択肢も広がるということですから、視点を変えれば、多くの学校から最適な学校を選びとることができるともいえます。

学校情報を得る手段としては、在校生や卒業生にお話を伺ったり、各校の学校説明会に参加するというのが一般的ですが、体育祭や文化祭などの説明会以外の行事もあります。中高6年間にわたって通う学校ですので、ぜひ実際に学校に足を運んでみましょう。さらに、進学塾主催の各校を紹介するイベントや、首都圏の数多くの学校が一堂に会した私学フェアなども行われています。また、各校のホームページも工夫されているので、細かな情報を得るには優れた手段だろうと思います。

いずれにしても、ご両親だけではなく受験して実際に通うお子さんご本人が主体的に学校選びをしていくという姿勢で臨んでください。

三田国際学園中学校

MITA International School

School Information
〈共学校〉

Address
東京都世田谷区用賀2-16-1

TEL
03-3707-5676

Access
東急田園都市線「用賀駅」徒歩5分

URL
http://www.mita-is.ed.jp/

相互通行型授業をとおしてぐんぐん伸びる「5つの力」

本誌7・8月号では三田国際学園中学校の「本科クラス」、「インターナショナルクラス」というふたつのクラスについてご紹介しました。今回は三田国際学園教育の要とも言える「相互通行型授業」と、それをとおしてどのような力が身につくかを見ていきましょう。

変化の激しいこれからのグローバル社会を生き抜いていく生徒を育てるために、『世界標準』の教育の実践」を掲げている三田国際学園中学校（以下、三田国際学園）。

三田国際学園が考える「世界標準」の教育とは、「英語」「コミュニケーションスキル」「サイエンスリテラシー」「ICTリテラシー」「考える力」の5つの力が要となります。

この5つの力を伸ばすために重視されているのが「相互通行型授業」です。

相互通行型授業とは、トリガークエスチョンと呼ばれる教員からの問いかけで生徒の知的好奇心を刺激し、授業のなかで様々な議論や発表などが行われるのを通じて、「疑問↓仮説↓検証↓結論」という論理的思考のプロセスをたどるものです。

具体的にどういう授業なのかという一例を見ていきましょう。

鎌倉幕府の成立についての社会の授業でのことです。その成立の年は、かつては1192年、現在は1185年となっていますが、それにもまだ疑念が持たれており、そこで先生から生徒たちに「教科書ではこうなっているけれど、みんなはどう思う?」とトリガークエスチョンが出されます。そうすると、生徒たちはいっせいに自分たちで調べ始めます。三田国際学園では全生徒がiPadを持っており、それを使いながら調べていくと、実際にいろいろな説が出てきます。

しかし、「こんな説があります」で終わらないのが、三田国際学園の相互通行型授業。出てきた説から、根拠を持って自分でどれかを選び取るまでが1セットです。

絶対的な正解がないようなことに対しても、仮説を立て、それを検証することで自分なりの結論にたどりつくという一連の作業を繰り返しているため、「考える」という部分に対しての伸びは非常に大きいのですが、それは簡単に数字には表れないものだと広報部長の今井誠先生は話されます。

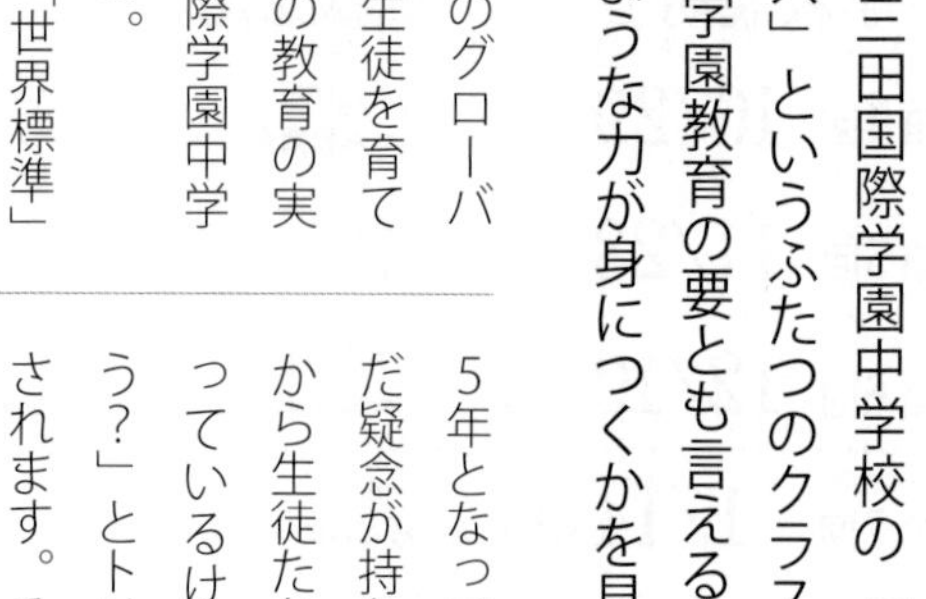
『夏の葬列』を取り扱った国語の授業。グループで意見を交わし、プレゼンテーションの準備を行っています

「受験相談会などで『相互通行型授業で生徒の学ぶ意欲がすごく喚起されている』というようなことをお話しすると、どうしても『では偏差値はあがったんですよね』というような発言をいただくことが多くなるのですが、そうではなくて、偏差値のような数字に簡単に表れないような力を伸ばしたいと思ってこうした授業を取り入れているということなのです。

ただ、基礎学力は着実についていると実感しています。なぜなら、相互通行型授業は、しっかりとした知識がないと成り立たないからです。あることについて考えるためには、自分で調べないといけないし、そのためにはこういう勉強もしないといけないんだと気付く生徒は時間が経つごとに増えていきます。ですから、即効性のあることではありませんが、確実に学力もついています」

「考える」ことが当たり前に 話しあい意見を出すことも日常

ここからは、さらに具体的に、相互通行型授業がどのような形で行われているのか、また、相互通行型授業をとおして生徒たちがどのように成長しているのかをご紹介します。

●理科

三田国際学園の理科教育の特徴は実験の多さです。サイエンスラボという大学の研究室レベルの設備・機材をそろえた実験室がふたつあり、このサイエンスラボで週に1～2回の実験を中1の段階から行っていきます。

理科主任の佐藤充恵先生は、1年間実験を続けてきたなかで「実験操作の手際がよくなったことはもちろん、実験の過程や成果などを生徒それぞれが分かりやすくまとめる力がついています。

また、この1年間の生徒のようすを見ていて特徴的だったのは、『新しいことに対して積極的である』ということ。（従来の）一方通行だけの授業ではないからこそ、生徒の興味関心を引きつけ、学びへの意欲をかき立てることができたのではないでしょうか。問いに対しても自分の考えをとりあえず書くことができるようになり、出された問いに対して考えていないという生徒はいません」と話されます。

●国語

中2の国語演習という授業では、山川方夫の『夏の葬列』（集英社刊）を取りあげます。ここでは、ある登場人物の生死についての主人公の心の葛藤が描かれています。

「シンプルに授業として読んでいくと、戦争の悲惨さや少年の揺れ動く心、といったところで止まってしまうのですが、そこでトリガークエスチョンを与えて、例えば本当にその登場人物は亡くなってしまったのかを読み取ってみよう、ということを丁寧にやっていきます。

英語で行われるインターナショナルクラスの数学の授業

国語、とくに現代文は、なんとなくで解いている人が多いと思いますが、本校では文法的な知識も活かしながら、文章の構成を理解し、『夏の葬列』から読み取れることをまとめてプレゼンテーションします。理科と同様、生徒たちは自分の感じたことを相手に伝えるために論理立てて、根拠を持って説明するために何が必要かということをすごく積極的に考えるようになっています」（広報部・天野尚子さん）

●英語

本科クラスとインターナショナルクラスのふたつのクラスがある三田国際学園。どちらも英語教育は充実していますが、特にインターナショナルクラスは週10時間英語の授業があり、習熟度別にスタンダード、インターミディエイト、アドバンストの3つに分かれ、「話す」「聞く」「読む」「書く」という4技能をバランスよく育てる授業が展開されています。

そして、ネイティブスピーカーの先生を中心に、英語を楽しんで学べる環境づくりが常に意識されており、例えば、インターナショナルクラスでは毎週「イングリッシュジャーナル」という英語の新聞のようなものが発行されています。担当する生徒は毎週変わり、英語レベルにかかわらず回ってくるのですが、先生方はもちろん、アドバンストの生徒も積極的に協力します。

このように、相互通行型授業を中心に、あらゆる場面で意見を出したり、協働して問題解決にあたることが普通の風景としてあるからこそ、コミュニケーション力という部分でも、1年で教員や保護者が驚くような成長を見せてくれているそうです。

3年前から教育改革に取り組み、受験生の注目を集め続けている三田国際学園中学校。生徒の知的好奇心を引き出す仕掛けが随所に散りばめられた授業は、まさに「21世紀型教育」といっていいもので、将来、この学び舎から飛び立った卒業生たちの活躍が今から楽しみになる、そんな学校です。

学校説明会・入試傾向説明会
すべて10：00～
11月12日(土)・12月17日(土)・
1月14日(土)

横浜翠陵中学校

Yokohama Suiryo Junior High School　［共学校］

翠陵のグローバル教育

2016年度より中高一貫のグローバルチャレンジクラスがスタート。
自らの人生を自らの手で切り開いていく生徒を育成します。

世界で活躍するグローバルリーダーを育てます

校訓「考えることのできる人」のもと、スクールモットー「Think & Challenge!」を掲げ、高い意志を持ち、自らの人生を自らの手で切り拓いていくチャレンジ精神旺盛な生徒の教育を目指す横浜翠陵中学校。2011年の共学化を契機に教育内容、教育環境をより充実させ、進学面でも飛躍的な伸びを示しています。

開校以来、多彩な国際理解教育を実践し、学校にいながら様々な国の人々と交流できる機会がたくさん設けられています。豊富な国際交流プログラムを通して他者を知り、多様な価値観を知り、自分自身を見つめることができます。この「国際理解教育」と「人間力の育成」を柱に、新時代に合わせた様々な改革に積極的に取り組む横浜翠陵のグローバルリーダー育成の教育は、更に進化しています。

充実した英語教育も特色の一つです。週5時間の英語の授業のうち、2時間をネイティブ教員と日本人教員によるティームティーチングを実施。「聞く」「話す」を中心に、学習した英語の力を実際に活用する機会になっています。中1・中2で行う「サマースタディーキャンプ」では、総勢10名以上のネイティブ講師とともに、英会話合宿を行います。英語漬けの日々を過ごすことで、英語の「話す」「聞く」のスキルをさらに磨くことができます。そして中学3年間で修得した英語力の実践の場として、中3では夏休みに約2週間、全員がニュージーランドで海外研修を行います。一人一家族でのホームステイや現地の小学生との交流は貴重な経験となっています。

共学化以降は理系教育にも力を入れています。実験・実習などの体験型プログラムで「科学的な思考力・表現力」を養います。中学生対象のサイエンスラボは、専門家の指導による本格的な実験で、イチゴのDNAの抽出やレゴロボットのプログラミングなどにも挑戦しています。

また、生徒への学習フォローも手厚く行っています。勉強習慣づくり教室や成績個人面談、成績カルテの配布に、日々の学習を記録するチャレンジノートなど、担任はもちろん、学年全体、学校全体で一人ひとりを支援する体制が整っています。

横浜翠陵の教育は時代の流れに合わせて、今も確実に進化を続けています。

2017年度（平成29年度）入試要項

	第1回		第2回		第3回		第4回	第5回
試験日	2月1日（水）		2月1日（水）		2月2日（木）		2月2日（木）	2月4日（土）
集合時間	8：45		14：45		8：45		14：45	8：45
入試区分	一般	帰国生	一般	適性検査型	一般	帰国生	一般	一般
募集定員	男女25名		男女35名		男女10名		男女10名	男女10名

説明会日程

■ミニ説明会	（保護者のみ・要予約）	11月11日（金）10：00～	1月20日（金）10：00～
■模擬入試	（要予約）	11月23日（水・祝）9：30～	1月 9日（月・祝）9：30～
■入試問題説明会	（要予約）	12月11日（日） 9：30～	
■文化祭	（翠陵祭）	11月 5日（土）11：00～15：00	11月 6日（日） 9：00～15：00

School Data　所在地：神奈川県横浜市緑区三保町1　TEL：045-921-0301　URL：http://www.suiryo.ed.jp/index.html

問題は82ページ

ジュクゴンザウルスに挑戦!

熟語パズル

【答え】

自	賛	自	画	自
由	業	給	問	縄
自	作	自	演	自
在	答	足	得	縛

今回は、「自」がふたつ入った四字熟語を取りあげたよ。ほかにも「自暴自棄《じぼうじき》」などがあるから調べてみよう。同じ漢字をふたつ使った四字熟語は「一」がふたつ入ったものが代表的だけど、まだまだあるから面白いよ。

【四字熟語の意味】

自縄自縛（じじょうじばく）＝自分の縄で自分をしばる意から、自分の言動が自分を束縛して自由に振る舞えないこと。

自画自賛（じがじさん）＝自分で自分のことをほめること。「賛」は「讃」とも書く。

自給自足（じきゅうじそく）＝必要とするものを他に求めず、全て自分でまかない、足りるようにすること。

自由自在（じゆうじざい）＝自分の思うままにできるさま。思う存分に振る舞うさま。

自作自演（じさくじえん）＝自分の利益のためにつくりごとを仕組むこと。計画から実行までを全て自分だけで行うことの意だが、その人を悪く言う時が多い。

自業自得（じごうじとく）＝自分の行いの報いを自分が受けること。悪い報いを受ける場合に用いる。「業」は、行いのこと。

自問自答（じもんじとう）＝自分で問いかけ、自分で答えること。

2名のネイティブ専任教員から 世界で通用する英語を学び 世界レベルでの自己実現を目指す

多摩大学目黒の英語教育の大きな目標の一つは
世界中で必要とされる日本人を育てることです。
英会話を指導する２名のネイティブ専任教員は
それぞれイギリス出身とアメリカ出身。
微妙に異なる表現やアクセントも経験することで
世界中に通用する英語を習得します。
さらに６年間で最大５ヶ国を訪問することにより、
世界規模で物事を考えることのできる広い視野と
世界を相手にしっかり「交渉」できる
コミュニケーション力を磨きます。
これらの経験と能力は10年後、20年後に
社会人として国内でも海外でも常に必要とされる
人物であり続けるための確固たる土台となります。

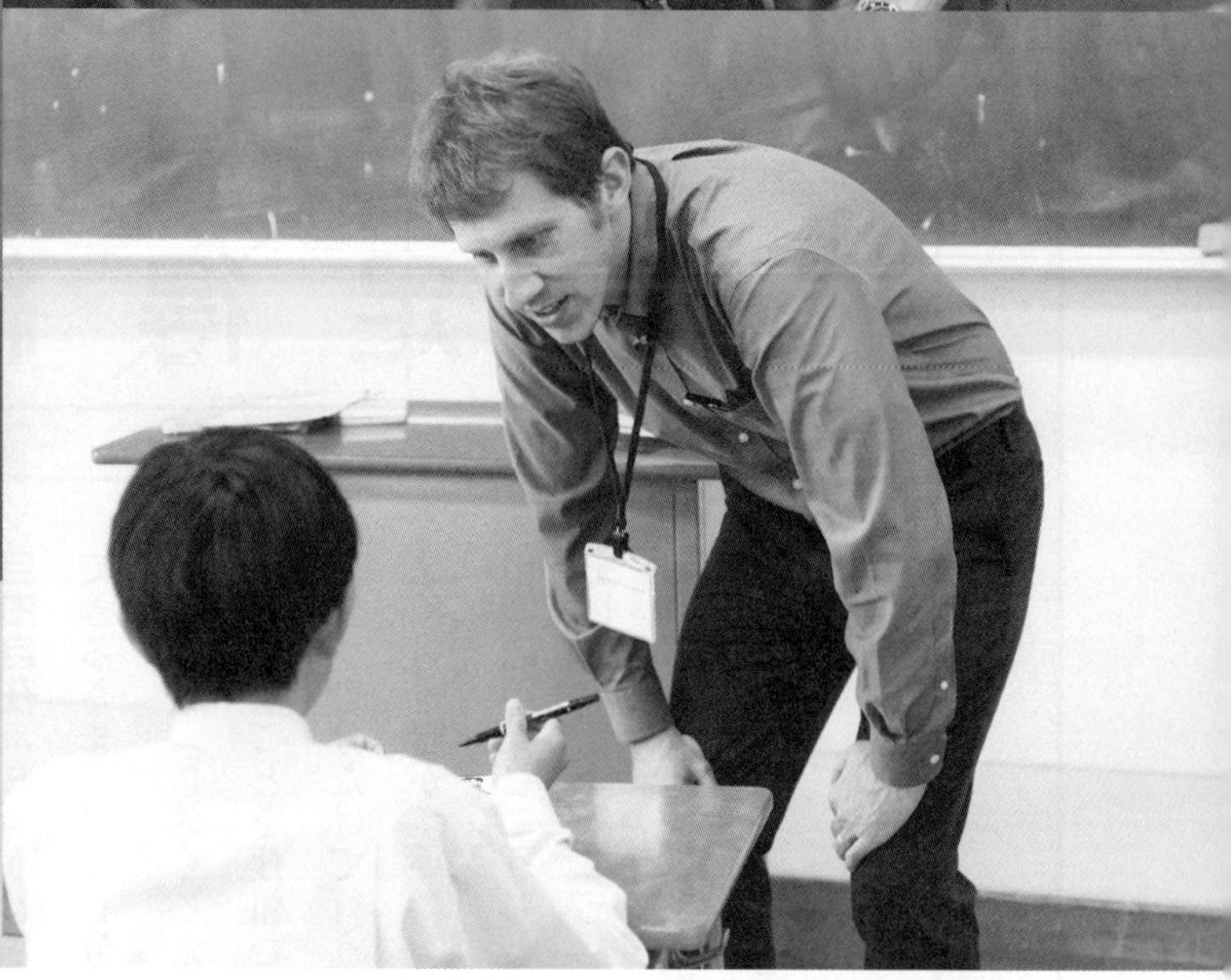

写真上：フィリップ・チャンドラー教諭（イギリス出身）
写真下：デイヴィッド・ワイウディ教諭（アメリカ出身）

目黒キャンパスに新校舎完成！

より快適な学びの環境と設備が整った新校舎が目黒キャンパスに完成しました。電子黒板等最新のICT教材が導入された教室やカフェテリアが、文武両道の学校生活をサポートします。

●中学受験生・保護者対象学校説明会 予約不要

- 11/9（水） 10:00～ 授業見学あり
- 12/3（土） 10:00～ 授業見学あり
- 1/13（金） 19:00～
- 1/14（土） 10:00～ 授業見学あり

※お車でのご来校はご遠慮ください。

●英会話体験・クラブ体験 要予約

英語体験授業：Let's enjoy English!／クラブ体験：来たれ我が部！
（保護者の方は参観及び在校生による説明会）

11/19（土） 10:00～12:00　会場：あざみ野セミナーハウス
※前々日までに電話にてご予約ください。

●2017年度生徒募集要項

試験区分	進学 第1回	進学 第2回	特待・特進 第1回	特待・特進 第2回	特待・特進 第3回	特待・特進 第4回	特待・特進 第5回
募集人員	74名		特待20名 特進20名				
出願期間	1月20日（金）より各試験前日まで、9:00～15:00 ※ただし、特待・特進第3～5回は、当日にも出願を受け付けます。 当日受付時間　第3回8：00～14：00　第4・5回8：00～9：30						
試験日	2/1（水） 8:30集合	2/2（木） 8:30集合	2/1（水） 14:30集合	2/2（木） 14:30集合	2/3（金） 14:30集合	2/4（土） 10:00集合	2/6（月） 10:00集合
試験科目	2科または4科（出願時に選択）		4科		2科		
合格発表（ホームページ）	各試験当日 14:00～16:00		各試験当日 21:00～21:30			各試験当日 14:00～16:00	
合格発表（校内掲示）	各試験当日 14:00～16:00		各試験翌日 12:00～13:30			各試験当日 14:00～16:00	

明日の自分が、今日より成長するために…

多摩大学目黒中学校

TAMA University MEGURO Junior High School

〒153-0064 東京都目黒区下目黒 4-10-24　TEL. 03-3714-2661
JR 山手線・東急目黒線・都営地下鉄三田線・東京メトロ南北線「目黒駅」西口より徒歩 12 分
東急東横線・東京メトロ日比谷線「中目黒駅」よりスクールバス運行

多摩大学目黒　検索　http://www.tmh.ac.jp　携帯サイト：http://www.tmh.ac.jp/mobile

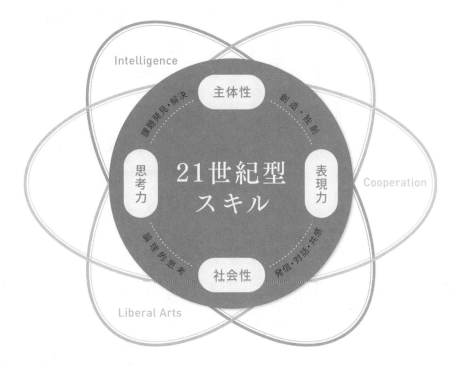

学ナビ!! School Navigator vol.099

東京　国立市　男子校

桐朋中学校

TOHO Junior High School

時代を貫く自主の精神

桐朋中学校・高等学校（以下、桐朋）は1941年（昭和16年）の開校以来、生徒の個性を尊重し、自主性を育む教育を実践してきました。

自由な気風で知られており、生徒を規制するような校則はほとんどなく、自主的な判断で行動することが重視されています。高校からは制服もありません。しかし、生徒たちは、「自由だからこそ自分で判断することの大切さを自覚する」と、自由本来のあり方を体得しています。

◇オリジナル教材を使い質の高い授業を展開◇

桐朋は進学校としても東京西部を代表する存在です。毎年、東京大や国立大医学部を中心に、難関大への合格者を数多く輩出しています。

この合格実績を支えているのが、熱意ある教員によって行われる日々の授業です。どの教員も「本物の学び」を志向して授業に臨み、使用する教材やプリント類も、オリジナルのものが多く使われています。

中学校では、基礎学力の定着をはかるとともに、発展的な内容も学びながら、自主的に学習する姿勢を育てています。

そして高校へ進むと、個々の進路に対応した本物の学力を養成するため、生徒の希望に準じた段階別授業や分割授業など、多彩な選択科目が用意されます。2年次からは文系・理系に分かれる選択科目もありますが、ホームルームクラスを文理混合にすることで、互いに刺激を受け個々の成長を促しています。

しかし、桐朋では、高い学力を身につけることだけが目指されているのではありません。その人でなければ有しない個性を持っているかどうかが問われるのが桐朋文化です。そのため生徒たちは、勉強以外の活動にも熱心に取り組んでいます。

行事は基本的な枠組みを毎年踏襲しながらも、実行委員を中心に生徒主体で企画・運営がなされます。例えば、中1の遠足では、委員の生徒もコースの下見をしたり、高2の修学旅行ではクラスごとにコースを決めたりします。

部活動も活発で、運動部・文化部合わせて36の部（同好会含む）が活動しています。なかには全国を舞台に活躍する部もあります。

◇新校舎が完成し学習環境がさらに充実◇

キャンパスは広大で緑豊かな環境です。創立75周年を記念して進められてきた校舎の建て替えも終了し、今年度新校舎が完成しました。

新校舎には、大きな黒板を壁3面に配置した教室、デジタル式のプラネタリウム、最新の設備を整えた実験室、本格的なガスオーブンレンジを備えた調理室など、各教科で質の高い授業を行える設備が整えられています。多目的ラウンジやテラス、食堂など、生徒たちの交流の場となるスペースも用意されています。

これらの新しい設備を活用して、授業やホームルーム活動、部活動、委員会活動などをさらに充実させ、「時代を貫く」主体性を育てる桐朋中学校・高等学校。

生徒たちは、「学校は楽しい、桐朋に来てよかった」と語り、卒業生も「桐朋での生活は充実していた」と話します。様々なことに全力投球することで、満足度の高い学校生活を送ることができる学校です。

School Data

桐朋中学校

東京都国立市中3-1-10

JR中央線線「国立駅」・JR南部線「谷保駅」徒歩15分

男子のみ794名

042-577-2171

http://www.toho.ed.jp/

東京　杉並区　女子校

文化学園大学杉並中学校

Bunka Gakuen University Suginami Junior High School

「価値あるもの」を探す 充実した6年間

文化学園大学杉並中学校（以下、文大杉並）のモットーは、「燃えよ！価値あるものに」です。教科教育の場では、「わかる授業の徹底」と「自ら考える生徒の育成」を柱に、ＩＣＴを用いたアクティブラーニングや、思考力型の協働学習で真の学力を育みます。そして、課外活動の場では、全国大会で活躍する多くの部活動や、生徒が運営する盛んな学校行事など、各々が「価値あるもの」にとことん打ち込んでいます。

特色あるコースで海外と日本 両方の卒業資格をゲット

中学段階のコースは2種類です。「難関進学〈グローバル〉コース」は、国内の難関大学や海外大学を目指します。英語の授業は週9時間のうち7時間をネイティブスピーカーが担当し、2時間の文法の授業は日本人教師が担当しています。希望者は高校からの「ダブルディプロマコース」（後述）に対応したプログラムに早期から取り組むことも可能です。

「総合進学〈シグネット〉コース」は習熟度別授業の実施に加え、中3次に多様な選択科目を用意しています。例えば、海外の語学学校と提携してマンツーマンで英会話を練習できる「オンライン英会話」、ネイティブ教員を交えながら洋書を読み、おすすめの本を英語で発表する「多読」、そのほかにも「サイエンスラボ」、「被服造形（服作り）」、各種検定対策などの科目があります。

高校では「難進コース」「国際コース」「総合コース」の3つのコースに、昨年度（平成27年度）より、「ダブルディプロマコース」が加わりました。

このコースの特徴はカナダ・ブリティッシュコロンビア州（BC州）のオフショアスクール（海外校）として、卒業時に海外と日本の両方の高校卒業資格が取得できることです。それにより、海外大学への進学を視野に入れることが可能です。もちろん高い語学力を武器に、国内の難関大学を目指す生徒もいます。

魅力的な海外研修 生き方を考える時間も

中3ではカナダ語学研修旅行を行います。ホームステイをとおして、3年間勉強してきた英語の力を試しながら、国際感覚を養います。さらに希望者は、フィリピン・セブ島での英語研修旅行にも参加することができます。

高校生になると、「国際コース」には約3週間のイギリスでのホームステイプログラムがあり（希望者対象）、「ダブルディプロマコース」は高1でBC州での短期留学（5週間）に挑戦します。高2の海外修学旅行の行き先はフランス・パリとイタリア・ローマです。文大杉並の生徒たちは、これらの充実した海外研修で本物のグローバル教育を体験できます。

また、文大杉並では、一人ひとりが自分の生き方を考える時間として、中1～高3までの6年間、「生き方探求学習」を実施しています。「話し方教室」「職場体験学習」をはじめとする様々な催しをとおして他人とのかかわり方、社会とのかかわり方を模索し、どんな場でも活躍できる力を身につけていきます。

文化学園大学杉並中学校は、それぞれの「価値あるもの」を大切に、様々な場で輝く人を育てています。

School Data

文化学園大学杉並中学校

東京都杉並区阿佐谷南3-48-16

JR中央線・地下鉄東西線「阿佐ヶ谷駅」、JR中央線・地下鉄丸ノ内線・地下鉄東西線「荻窪駅」徒歩8分

女子のみ240名

03-3392-6636

http://bunsugi.jp/

英語が、わたしの言葉になる。

「他者理解」――

この言葉には世の中のさまざまな人と共感し、支え合うという理想が込められています。

創立より貫かれてきたこの教育理念、これからも武蔵野は世界で通用するグローバルな人材の育成を目指します。

外国人教師による、「英語で学ぶ」
LTE [Learning Through English]

外国人教師と1つのテーマ(トピック)を英語で考え、英語で発表するワークスタイルの授業を週6時間行います。英語力はもちろん、アイデアや意見の共有、ディスカッション能力など、グローバル社会で必要なコミュニケーションスキルが身につきます。

世界への扉をあける
ニュージーランド3ヶ月留学

現地校1校につき、武蔵野生最大3人という自主性が問われる環境の中で、3ヶ月間過ごします。様々な国の留学生が集うニュージーランドで、生きた英語だけではなく、その国の文化や考え方を身近に感じ取ることができ、よりグローバルな視野で物事を考える力が身につきます。

入試実施概要

試験日	2月1日(水)		2月2日(木)	2月4日(土)
入試区分	第1回		第2回	第3回
	午前	午後		
募集人員	40名	10名	30名	10名
	第1学年(男・女)　90名			

学校説明会・入試模擬体験・個別相談会

- 11/19(土)10:30～　学校説明会
- 12/17(土)10:00～　入試模擬体験
- 1/14(土)10:00～　個別相談会

※説明会・イベントへのご参加は予約制となります。本校HP、または、お電話でご予約ください。
※各説明会終了後に、ご希望の方対象に「個別相談」と「施設見学」の時間を用意しております。

文化祭

- 10/29(土)10:00～15:00
- 10/30(日)10:00～15:00

※各日学校説明会あり。

武蔵野中学校
Musashino Junior High School

〒114－0024　東京都北区西ヶ原4－56－20　TEL:03-3910-0151　FAX:03-5567-0487　http://www.musashino.ac.jp/
アクセス　JR大塚駅・王子駅乗り換え　都電荒川線「西ヶ原四丁目」下車徒歩5分 ／ JR巣鴨駅下車　徒歩15分

私学自慢の施設紹介
vol.8

跡見学園中学校「作法室」

｜東京都｜文京区｜女子校｜

「本物」に触れることで教養を身につける

跡見学園は東京で一番古い女子教育の学校です。以来、幅広い教養とともにさまざまな情操教育にも取り組んでいる跡見学園中学校の「作法室」を今回ご紹介します。

庭園でも「本物」に触れる

校舎の一角にある作法室は、都心にありながらも緑あふれる場所となっています。庭園には「ししおどし」や、茶室の出入り口となる「にじり口」などもあり、こうした設備も「本物」に触れてほしいという、学校の思いにあふれています。

四季の変化も楽しむことができます

庭園のししおどし

生徒の声

作法室の非日常的な空間が心地良い

Q 作法室はどのくらいの頻度で利用していますか。

A ●放課後プログラムのJapanese Cultureでの箏曲、茶道、謡曲仕舞同好会、で週3回利用しています。
●箏曲と茶道で利用しています。

Q 作法室のどんなところが好きですか。

A ●きれいな庭のある景色の良い和室で箏曲や茶道に打ち込むことが出来るところです。
●習い事などでは経験できない本格的な和室で教えて頂けることです。

Q 箏曲をやっていて楽しいこと、大変なことがあれば教えてください。

A ●すべて楽しいですが、文化祭などで浴衣を着て講堂で演奏できることが特に楽しかった思い出です。
●その文化祭の演奏曲が長い曲だったりすると、みんなで合わせることが難しく、練習が大変でした。

専門家から学ぶことの意味

本物を学ぶための環境がととのえられている作法室

跡見学園では、放課後に希望者対象に放課後プログラムのJapanese Cultureとして、「茶道《さどう》」「箏曲《そうきょく》」「華道《かどう》」の専門家から作法を学ぶことができます。専門家から「本物」を学ぶことにより、和の精神や、人を気遣う心を学び、そうした学びが自立した女性への成長につながると考えているからです。

実際の課外授業の様子をご紹介!

取材に訪れたこの日は箏曲の活動日。生徒一人ひとりの進度に合わせて先生がマンツーマンで教えてくれます。全くの初心者で琴に触れたことがない生徒さんもいるとのこと。皆さん一生懸命取り組んでいました。

本格的な茶室と受け継がれる伝統

茶道の活動もこの作法室で行われます。箏曲、華道、茶道は開校当初は授業として行われ、その教えは、跡見学園の教育になくてはならないものなのです。

先生に聞きました!

自立した女性としての教養と、日本人としての理性と誇りを身につける

作法室では、中学1年から中学3年まで「お作法」の授業が行われています。こうした情操教育は、開校当時の日本の教育界が西洋的教育化への歩みを進めていた時代の中で、創立者の跡見花蹊が日本人としての理性と誇りをもち、絵画、琴、茶道などを教科として取り入れたことに由来しています。

SCHOOL DATA
〒112-8629 東京都文京区大塚1-5-9
TEL. 03-3941-8167(代表)
東京メトロ丸ノ内線「茗荷谷駅」より徒歩2分

誰もが抱える悩みをパパッと解決！

福田貴一先生の福が来るアドバイス

冬から始める、新年度へ向けた準備

早稲田アカデミー
城東ブロック統括責任者
福田　貴一

今回は、「新年度へ向けた準備」について書かせていただきます。このコラムが皆様のお手元に届くのは10月末ごろでしょうから、「まだ早いのでは…?」とお感じになられる方もいらっしゃるかもしれません。しかし、中学受験カリキュラムは2月からスタートします。新しい学年で良いスタートを切るためには、今年のうちに新年度からの生活を具体的にイメージしておくことが大切なのです。

まずは、予定の確認を

新学年が始まる2月から、お子様が受ける授業の曜日・時間がどう変わるのかご存知でしょうか。学年が上がれば塾の授業日数や時間も増えるのが一般的ですから、まずはその点を確認することが必要です。家庭学習の内容や所要時間もできれば把握しておきたいところですが、それはもう少し先でもかまいません。一週間の通塾スケジュールがわかれば、大まかな生活リズムをイメージすることができるはずです。習い事などの予定をそれに合わせて変えていくことも必要になってくるでしょう。

新学年へ切り替わるタイミングは、習い事を整理する機会でもあります。中学受験を乗り切るためには、体力も気力も必要です。それらを鍛えるためにも、また〝気分転換〟や〝生活のメリハリ〟のためにも、習い事は大切なものだと思います。しかし、中学受験の学習は、はっきりとしたゴールに向けて行うものです。そのゴールとは、「小6の1月・2月」です。この点において、塾は一般的な習い事と一線を画すものだと思います。ある時期からは、他の習い事よりも塾の優先順位を上げて取り組んでいかなければならないのです。

新学年が始まってから「勉強が大変になってきたので、習い事をどうしようかと考えていて…」というご相談を受けることがあります。しかし、そのタイミングで習い事をやめてしまうと、お子様の中に「物事を途中で投げ出してしまった」という中途半端な気持ちや〝不完全燃焼〟感が残ってしまいかねません。

そうならないためには、整理するタイミングも含めて、習い事についてお子様と話し合う機会を、少し早い時期から設けておくとよいでしょう。

新学年を楽しみにする工夫を

お子様の気持ちが新しい学年に対して前向きになっていることも、新学年で良いスタートを切るための大切なポイントです。「新しい学年からがんばろう」という気持ちで新年度に臨めるように、ご家庭でも工夫をしていただくとよいでしょう。

私の勤務する早稲田アカデミーでは、小学校4年生から塾でお弁当を食べることになります。あるお母様から、「小3の冬休みに家でお弁当を食べる練習をしてみました」というお話を伺ったことがあります。お母様にしてみれば、お子様がどれくらいの量をどれくらいの時間で食べられるのか確認したかったようです。しかしお子様の方は、お弁当箱を一緒に買いに行くところからとても楽しんでいたそうで、「早く4年生になって塾でお弁当を食べたい」と話していたとのことでした。また、新学年から使う文房具をクリスマスプレゼントとして用意した、というご家庭もありました。

冬休みの過ごし方

新学年への学習準備として、一番大切になるのは「冬期講習会」です。「冬期講習会」は、どの学年においても総復習的な位置づけになっているからです。

一方で、冬休みというのは一年の中でも特殊な時期です。クリスマスに大晦日、お正月と、お子様にとって楽しいイベントがたくさんあります。クリスマスプレゼント、お年玉におせち料理に…と、気持ちも浮き立つことでしょう。「勉強をするヒマがない」「勉強に集中できない」という状態にならないように、事前にきちんとした計画を立てることが大切です。夏休み・春休みも計画を立てて過ごすことが必要ですが、冬休みは気持ちの上でもしっかりと準備をしておかないと、何もしないままあっという間に終わってしまいます。学習以外の予定もたくさんあるはずですので、まずはそれを決めたうえで、集中して学習できる時間を確保するようにしてください。

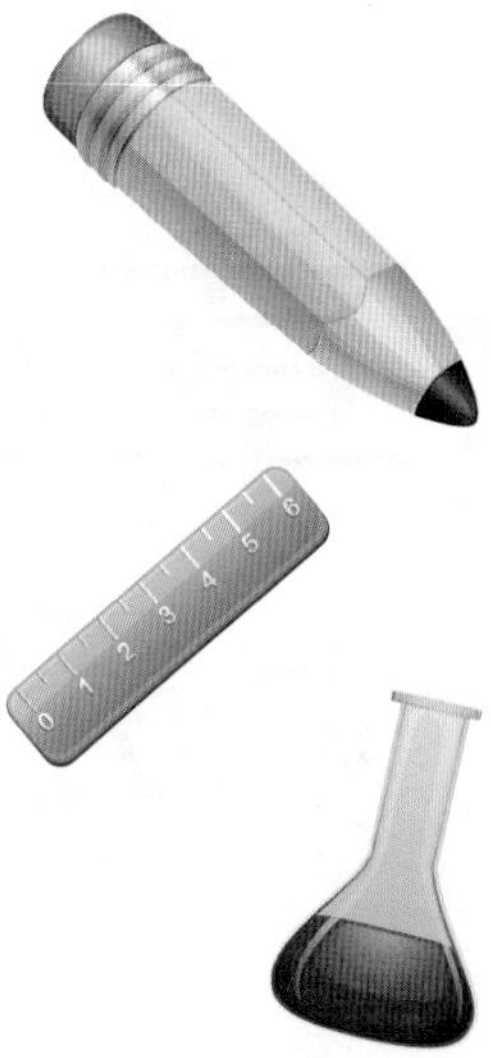

また、日本人にとって、お正月はやはり特別な意味を持つものだと思います。元日という特別な日に交わした会話は、普段のものよりも記憶に残ります。このタイミングで、新学年からの学習の方向性や、いま一生懸命努力することの意味、将来の目標などについて、ぜひお子様と会話をしていただきたいと思います。もちろん、新たな学年に向けた目標や抱負などをお話しいただくのもよいでしょう。

受験学年の冬の過ごし方

受験学年である6年生の場合は、冬をどう過ごせばよいのでしょうか。実は6年生にとっても「新年度へ向けて思いをはせる」というのはとても大切なことです。受験生にとっての「新年度」とは、受験を乗り越えた先の中学校生活、ということになります。

これからの時期、受験生の心の中には、不安が大きくなっていくはずです。「もし合格できなかったら…」、そんな思いで日々過ごすお子様も多いことでしょう。そのような時期だからこそ、合格した先のことを考えたり、話したりすることは、お子様の気持ちを明るくし、前向きにさせる効果があります。春休みに家族旅行に行く計画を先に立てるのもよいでしょう。余談ですが、中学校に進学して部活動などが始まると、ご家族での時間がなかなかとれない場合もありますので、小学校から中学校に進学する春休みは家族で旅行する良い機会となります。その旅行の計画を、受験学習の合間に考えるのは効果的な「息抜き」になると思います。また、中学校での生活をイメージしてみるのも良いことです。どんな部活動に入りたいのか、お父様やお母様が中学生のときはどんなだったのか…。そんな会話も、中学入試という大きな壁に正面から立ち向かう受験生にとっては、励みになるものです。

秋の七草を知っていますか？

秋の七草…と聞いても、どんな草花かすぐに思い浮かぶ人は少ないのではないでしょうか。秋の七草は、昔から人々に親しまれてきた秋を代表する7種類の草花です。どれも野や山に生える草花で、春の桜や夏のひまわりのように目立つことはありません。しかしよく観察してみると、風に揺れる姿はどれも個性豊かです。みなさんは、どれが一番好きですか？ 向島百花園の大里 裕二さんに、秋の七草を紹介していただきました。

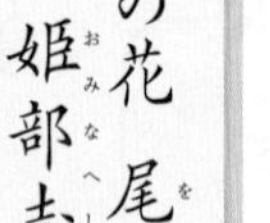

向島百花園サービスセンター
技能主任
大里《おおさと》 裕二《ゆうじ》さん

誰が決めたの？ 秋の七草

秋の七草は、山上憶良《やまのうえのおくら》という人が、秋を代表する草花を2首の和歌に詠《よ》んだことからはじまっています。この歌が載っている『万葉《まんよう》集《しゅう》』は、現在残っているものでは日本で一番古い和歌集。秋の七草は1000年以上も昔から、人々に親しまれているのです。

秋の野に咲きたる花を指折《およびを》り
かき数《かぞ》ふれば七種《ななくさ》の花

萩《はぎ》の花 尾花《をばな》 葛花《くずはな》 瞿麦《なでしこ》の花
姫部志《おみなへし》 また藤袴《ふぢばかま》 朝貌《あさがほ》の花

このうち、「尾花」はススキのこと。また「朝貌」は、今のアサガオとは別の花を指していたと考えられています。いろいろな説がありますが、現在はキキョウの花とするのが一般的です。

ハギ（萩）

漢字で、草かんむりに“秋”と書くハギは、まさに秋を代表する草花。細い枝の先に、小さな赤紫色の花をたくさん咲かせます。秋風が吹くとしなやかに揺れる様子が古くから愛されています。

オミナエシ（女郎花）

オミナエシよりも丈が大きくて白い花が咲くオトコエシ（男郎花）という花もあります

「おみな」は古い日本語で「女」のこと。気品ある美しい女性にたとえられます。黄色く小さな花が集まって咲く様子が穀物の粟《あわ》に見えることから、「粟花」とも呼ばれます。

注意！

むかしは身近な場所にも咲いていた秋の七草ですが、今では数が少なくなっています。特にキキョウは絶滅危惧種、フジバカマは準絶滅危惧種に指定されるほどです。野原で見かけても、むやみに摘《つ》み取ったり持ち帰ったりせず、観察するだけにしましょう。

フジバカマ（藤袴）

すらりと伸びた枝の先に、小さな白い花が咲きます。昔は各地に生えていたと思われますが、現在では植物園以外ではめったに見られなくなってしまいました。生えているときには匂いはしませんが、葉を摘んで乾燥させると桜もちと同じような匂いがします。

> ちなみに…春の七草は?
>
> セリ・ナズナ・ゴギョウ・ハコベラ・ホトケノザ・スズナ・スズシロの7種類。お正月におかゆなどに入れて食べ、長寿や健康を祈る風習がありました。

INFORMATION

向島百花園は、江戸時代に、草花の観賞を中心に庶民が楽しめる庭園として開園しました。今でも、秋の七草や春の梅など、四季を通して多くの草花に出会うことができます。また「虫ききの会」「月見の会」など、日本文化に親しむためのイベントも行っています。

〒131-0032 東京都墨田区東向島3-18-3
TEL. 03-3611-8705
●開園時間／9:00～17:00（入園は16:30まで）
●休 演 日／年末年始
（12月29日～翌1月3日まで）
●入 園 料／一般150円、65歳以上70円
※小学生以下及び都内在住・在学の中学生は無料
●アクセス／東武スカイツリーライン「東向島」下車（徒歩約8分）、または京成電鉄押上線「京成曳舟」下車（徒歩約13分）
※詳細はホームページでご確認ください
http://www.tokyo-park.or.jp/

キキョウ（桔梗）

※『万葉集』では“あさがほ”

青紫色の星形の花が咲きます。つぼみのときは花びら同士がくっついていて、風船のようにふくらみます。漢字の木へんをとると「吉更（さらに吉）」となり、縁起が良いため、明智光秀などの家紋のデザインにも使われました。

ナデシコ（撫子）

ナデシコ科にはさまざまな種類があります。たとえば、母の日に贈るカーネーションもナデシコの仲間です。秋の七草に選ばれているのは、日本古来のカワラナデシコで、別名は「ヤマトナデシコ」。8月の終わりごろから、薄紅色のかわいらしい花を咲かせます。

清らかで、凛として、美しい…日本の女性は「大和撫子《やまとなでしこ》」!

派手でなく、清楚で美しい日本の女性のことを「大和撫子」と呼びます。カワラナデシコの花は、日本人女性の魅力のたとえにも使われているのです。サッカー日本女子代表チームの愛称である“なでしこジャパン”の由来も、この大和撫子という言葉です。

ススキ（薄・芒）

※別名:尾花

穂が動物の尾に似ているので、別名は「尾花」。穂は小さな花の集まりで、はじめは赤っぽい色をしていますが、種になると白い毛が生えて、全体が白くふわふわとします。茎《くき》はかやぶき屋根の原料としても使われます。

「幽霊の正体見たり枯れ尾花」

「幽霊が出そうだな…」と思って夜道を歩いていると、目の前にぼんやり動く白い影!「幽霊だ!!」と思ったが、落ち着いてよく見ると枯れたススキが風に揺れているだけだった…。つまり、怖いと思っているとなんでもないものまで怖いものに見える、という意味。四字熟語では「疑心暗鬼」。

クズ（葛）

つる性の多年草ですが、全長10メートル以上も伸び、葉は大きく、根元は木のように固くなります。花は穂のようにまとまって咲きます。クズの根からとれるデンプンは、くず餅やくずきりの原料。また、風邪薬として利用されている葛根湯も、クズの根を乾燥させたものからつくります。

ひとつの花をよく見ると、同じマメ科のスイートピーに少し似ています

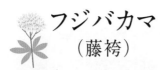

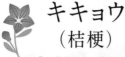

生 掲示板

帰国生を積極的に
受け入れている学校紹介など、
帰国後の入試や学習に関する
情報を発信します！

帰国生受入れ校訪問記　広尾学園中学校

広尾学園は、「自律と共生」という教育理念のもと、新しい時代に活躍できる人材の育成を目指しています。医療分野、研究分野、実業界、官界、法曹界、教育界などで幅広く活躍をする卒業生一人ひとりが「今の自分の活躍の原点は、広尾学園での3年間、6年間にある」そう言ってくれることを目標にしています。今回、入学後の帰国生の姿や帰国生入試のポイントについて、植松先生にお話を伺いました。

広尾学園中学校
（東京都/私立/共学校）

2018年に100周年を迎える広尾学園。国際教育やサイエンス教育の重視、いち早く導入したICTの活用実績など、受験生や保護者のみならず、教育関係者からも注目を集めています。

〒106-0047
東京都港区南麻布5-1-14
（東京メトロ「広尾駅」徒歩1分）
TEL:03-3444-7271
URL:http://www.hiroogakuen.ed.jp/

■帰国生の受け入れ体制と帰国枠定員増員のねらい

田畑　帰国生の受け入れ体制について教えてください。

植松先生　インターナショナルコースにアドバンスドグループ（以下AG）とスタンダードグループ（以下SG）を設置しています。AGは海外経験があり、英語も伸ばし続けながら日本文化や立ち振る舞いも知っておきたい帰国生向けのカリキュラムです。一方、SGは海外経験がほとんどなく、日本人として育ったけれども、使える英語を無理なく自然に習いたい生徒向けのカリキュラムです。

田畑　2015年度入試から帰国枠定員を増員したねらいを教えてください。

植松先生　広尾学園の英語教育をより多くの帰国生に提供したいという思いから増員することにしました。最近の入試では出願者数が伸びてきており、合格レベルに達する帰国生も増えてきています。そうした理由から、昨年度からインターナショナルコースを1クラス体制から2クラス体制にすることにしました。

田畑　AG以外のコースで英語を使わずに受験できる10名の募集枠を新設したのはなぜでしょうか。

植松先生　帰国生といっても英語のレベルは様々です。日本人学校出身者など、日本語のほうが頭に入りやすい生徒も多くいます。そうした生徒は入学してほとんどの科目を英語で学習するAGに入学するよりも、主な教科を日本語で学ぶSGや医進サイエンスコース、本科コースのカリキュラムの方が合っています。そのような帰国生を受け入れるために今回10名の募集枠を新設しました。

■帰国生が国内生へ与える影響と進路指導

田畑　広尾学園に入学する帰国生は国内生にどのような影響を与えていますか。

植松先生　帰国生に影響を受け、何事にも積極的になる国内生が増えたと思います。「こういう時に質問していいんだ」「こういう時は思いっきり盛り上がっていいんだ」という積極的で前向きな姿勢が波及しています。例えば、年度末に「ヤングアメリカンズ」というイベントがあります。アメリカの若者たちとともにミュージカルを作り上げようというイベントなのですが、AGやSGの子たちが最初に盛り上げて、学年全体が盛り上がっていきます。中学1年生という時期にそのような体験をするのはとても意義のあることだと思います。

田畑　進路指導についてお聞かせください。

植松先生　生徒にはなるべく多くの選択肢を用意したいと考えています。今年も海外大学を目指す生徒がいますが、その生徒たちは日本の大学も受験します。両方の合格を勝ち取って、本当にどちらに行きたいのか、最後の最後に選べるようにしています。そうしたことができるようAGの生徒たちのカリキュラムは、本科やSGと同じカリキュラムに揃えています。数学や理科なども同じ教科書を使っており、その英訳を使って外国人教員が教えます。こうしたカリキュラムを基に日本の大学入試を受けたいという生徒の希望をかなえられるようにしています。

■受験生へ期待すること

田畑　受験生とご家族へのメッセージをお願いします。

植松先生　海外にいる間は海外での生活を思う存分楽しんできてほしいです。同時に、広尾学園に入学してから学園生活を楽しめるよう英語力をしっかり身につけてほしいと思います。入試ではたくさん英文を読んで書いてもらいますし、入学してからもそういった授業が展開されます。入試のためだけでなく入学後の学習のためにも、英語の本をたくさん読んできてほしいですね。

お話　広尾学園中学校
インターナショナルコースマネージャー　植松 久恵 先生

取材　早稲田アカデミー　教育事業推進部国際課　田畑 康

入試情報と合格実績

2017年度　帰国生入試情報

募集人数	出願期間	試験日	合格発表日	選考方法
AG：30名 AG以外：10名	2016年12月1日(木)～ 2016年12月15日(木)	2016年12月19日(月)	2016年12月21日(水)	AG：英語・算数・国語・面接 AG以外：算数・国語・面接

帰国生入試結果

年度	募集人数	応募者数	受験者数	合格者数
2016	30名	144名	142名	50名
2015	30名	156名	151名	48名
2014	10名	91名	87名	27名

※出願資格などは必ず募集要項や学校のホームページをご確認ください。

2016年度　大学合格実績

国公立大・医学部・海外大	合格者数	私立大	合格者数
東京大学	2名	早稲田大学	90名
東京工業大学	3名	慶應義塾大学	37名
医学部医学科(私立大含む)	24名	上智大学	55名
海外大学	29名	東京理科大学	53名

※大学合格実績は全卒業生のもので、帰国生のみの実績ではありません。

海外・帰国相談室　このページに関する質問はもちろん、海外生・帰国生の学習についてなど、ご不明点がございましたら早稲田アカデミーのホームページからお気軽にお問い合わせください。「トップページ」→「海外・帰国生」→「教育相談・資料請求」（自由記入欄に質問内容をご記入ください）

海外の学習体験談や
海外各都市の塾情報など、
海外での学習に役立つような
情報を発信します！

海外生＆帰国

これから海外赴任される方／赴任中の方の「教育・受験についての悩み」を解決！！

第7回

教えて！田畑先生《タバティー》

連載「教えて！田畑先生」コーナーです。帰国子女として、そして海外生・帰国生指導者としての経験をもとに、保護者さまの不安を少しでも解消できるようにがんばります。今回は、「海外在住の受験生の面接対策」についてアドバイスします！

Q

田畑先生こんにちは。海外に住んでいる小6受験生の保護者です。12月初旬に受験が始まるために帰国する予定です。筆記試験の勉強は現地の学習塾でも対応いただいていますが、面接について不安を感じています。学校によっては、集団面接であったり、スピーチがあったり、保護者同伴面接であったりと形式が異なっていて、それぞれについて対策をしなくてはと思います。あと1ヵ月となりますが、海外にいる間にできることをアドバイスいただければうれしいです。

A

ご質問ありがとうございます。

面接試験の重要性は、帰国生入試の場合特に大きくなってきているようです。

これまでは「大きな声で・元気に・明るく・はきはきと」答えることで対応できていたものが、「海外生活から何を学んできたか」あるいは「入学後、日本で生まれ育った一般生たちにどんな影響を与えてくれるのか」といった質問が増えてきているようです。

すべての帰国生入試というわけではないのですが、ペーパーテストで学力だけを見るのではなく、受験生本人の「経験値」や「人間力」をみるようになってきたと言えるでしょう。合格するのに一般入試では4科目で偏差値が60必要な中学において、偏差値が2科目50で合格するケースがあります。出題される問題の難易度の違いもありますが、やはり面接の比重が大きいのではないかと分析しています。

以上のことを考慮に入れまして、お子様の受験する中学が、面接をどれくらい重視するかを見極めることが大切です。これについてはお通いの塾に相談するのが良いでしょう。これまでどおり「大きな声で・元気に・明るく・はきはきと」答えられれば大丈夫である中学なのに、「経験値」や「人間力」のアピールについて深刻に悩む必要もないということです。

さて、前置きが長くなりましたが、面接の上達のコツは「１に練習、２に練習」です。

入室・退出・お辞儀の作法、敬語の使い方などは、小学生にとっては非日常的であることは一般生でも帰国生でも変わりはありません。早稲田アカデミーでも面接練習を始めていますが、先日などは「生まれて初めて『失礼します』という言葉を使った」という帰国生がいました。今ではインターネットで検索すれば入試の面接作法や基本問答集もヒットしますので、参考にしてほしいですね。

その練習方法ですが、まずはよく聞かれる質問（志望理由・自己PR・将来の夢など）の「回答台本」を作り、暗記したものをきちんと言えるようになりましょう。そして、それらをもとに、学習塾、日本人学校の先生に練習のお願いをしてみるといいでしょう。そうでなければ親子でやるしかないのですが、なかなかうまくいかないこともあります。本人が恥ずかしがるし、お父様やお母様もプロではないからです。それでも、面接が劇的にうまくなる生徒は、ご家庭でもしっかり練習している生徒です。私が帰国生に指導する時には、練習を録画して、家族で見てチェックしようというアドバイスをしています。

集団面接は、面接官が受験生を一人ずつあてていくだけのものや、議題を与えて話し合いをさせるケースもあります。自分以外の受験生の回答を踏まえて質問をされることもありますが、結果的には「質問された内容に正しく答える」ことが大切です。

保護者面接に関しては、「合否には関係がない」とアナウンスしている中学がほとんどです。ある中学の先生は、「保護者面接は、入試の日までに、親子で本校の教育理念やカリキュラムなどについてよく調べ、話し合ってもらうためのもの」とおっしゃっていました。受験生の面接試験に関しても十分当てはまるコメントだと思います。

ご参考になれば幸いです。

田畑　康
（早稲田アカデミー教育事業推進部 国際課長）

早稲田アカデミーの複数校舎で10年間勤務。
中3必勝クラスや校舎責任者を務めた後、6年間日系学習塾教室長としてロンドン・ニューヨークで勤務し、帰国。
帰国後も帰国生専門の教室の責任者として4年の勤務後、2015年、早稲田アカデミー国際課長に就任。
本人も帰国子女（オーストラリア・マレーシアで合計7年半）。

サクセス研究所

♫音の響きを楽しもう！ オーケストラ大研究

＼教えてくださったのは…／

公益財団法人
東京交響楽団《とうきょうこうきょうがくだん》
広報本部
高瀬《たかせ》 緑《みどり》さん

オーケストラの演奏を聴いたことがありますか？　きらびやかなライトに照らされたステージで、美しい音色《ねいろ》を奏でる楽器たち。多いときには100人を超える演奏者が、指揮者のもと、ひとつの音楽をつくりあげます。たくさんの楽器が集まることで生まれる豊かな音の広がり、ホール全体を包みこむ音楽の世界。今回は、東京交響楽団の髙瀬 緑さんにご協力いただき、オーケストラについて研究します。

：青柳 聡

オーケストラQ&A

Q1 どこに何の楽器がいるの？

演奏者は、指揮者を中心に半円形に並んでいます。指揮者に近いステージ前方にはバイオリンなどの弦楽器《げんがっき》が、中ほどに木管楽器《もっかんがっき》が、その後ろに金管楽器《きんかんがっき》と打楽器《だがっき》が並ぶのが一般的です。

Q2 何人くらいの人がいるの？ いつでも同じ人数なの？

演奏者の人数は、コンサートの規模や曲によって異なります。上の写真は100名ほどですが、多いときには120人以上がそろいます。逆に、古い時代の曲は、50〜60名前後で演奏するときもあります。

Q3 席順は決まっているの？

座る位置は一人ひとり決まっています。たとえば、写真の★の位置に座るのは、第一バイオリンの首席奏者で、演奏者全体のリーダーである「コンサートマスター」です。

オーケストラの仲間たち

弦楽器

オーケストラで使われる弦楽器は、小さい順にバイオリン、ビオラ、チェロ、コントラバスです。どれも木材でつくられた胴体《どうたい》に弦《げん》が張られていて、馬のしっぽの毛でつくった「弓《ゆみ》」で弦をこすり、その振動を楽器のなかで響かせて音を出します。もっとも小さいバイオリンが一番高い音を出し、楽器が大きくなるにつれて音は低くなります。

木管楽器

フルートは横笛で、あたたかみのある音色。小さなピッコロは、より高くきらびやかな音色です。オーボエとクラリネットは見た目がよく似ていますが、音色や構造はまったく違います。オーケストラの演奏前のチューニング（音合わせ）では、すべての楽器の音をオーボエの音にあわせます。

金管楽器

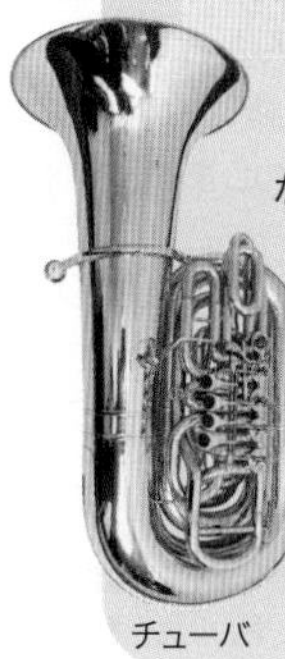

トランペットは、楽器は小さくても高らかな音色で音楽を華やかにします。長い管がくるくると丸くなったホルン、伸び縮みして音程を変えるトロンボーン、抱きかかえるほど大きなチューバなど、金管楽器は見た目もバラエティゆたかです。

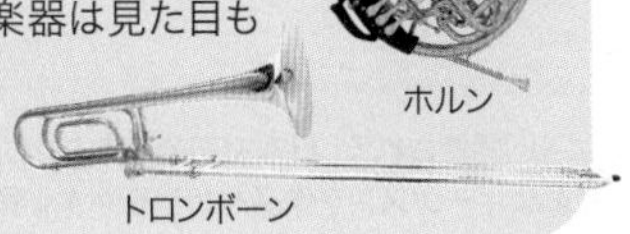

打楽器

打って音を出す楽器を打楽器と呼びます。正確にリズムを刻んだり、曲のクライマックスを盛り上げたり、活躍のしかたはさまざま。大太鼓、シンバル、トライアングルなど、たくさんの種類があります。大迫力《だいはくりょく》の音を出すティンパニは、銅でできた胴体に皮が張られていて、その皮をマレット（ばち）で叩いて演奏します。

指揮者の役割は？

指揮者は、曲の出だしやテンポの指示を出したり、フレーズをどのように表現するかを伝えたりしています。それぞれに個性を持つ演奏者たちをまとめ、ひとつの音楽をつくり上げているのです。

木管楽器と金管楽器のちがいは？

木管楽器といっても、すべての楽器が木でできているわけではありません。金属でできているフルートも木管楽器の仲間です。じつは、木管楽器と金管楽器のちがいは、材料ではなく、音の出し方にあります。自分の体の一部である唇《くちびる》をぶるぶるふるわせて音を出すのが金管楽器。一方、木管楽器の多くは楽器にリードという薄《うす》い板をつけ、それを振動させて音を出します。フルートはリコーダーの仲間で、リードはなく、歌口から吹き込む息で空気の渦《うず》をつくって音を出しています。

そのほかにも…

曲によっては、ハープやピアノが使われることもあります。

ステージを支えるいろいろなお仕事

パーソネル・マネージャー

楽団員（演奏者）を管理する人。曲によって必要な人数が変わるときに、誰が演奏するのか、という“出番”を決めます。

ステージ・マネージャー

ステージ上の出来事すべてを管理する人。曲によって数が変わるイス・譜面台の並べ方や大きな楽器の運搬、ピアノのように使ったり使わなかったりする楽器の出し入れなどを管理します。

ライブラリアン

演奏者が使う楽譜を管理する人。練習までに、全員分の楽譜に指揮者の指示を書き込み、さらに折り目などをつけてめくりやすくします。曲についての知識が豊富なライブラリアンは、プログラムを決める際にも頼れる存在です。

ホールの工夫

オーケストラのコンサートが行われるホールは、音がここちよく響くようにつくられています。また、ステージの位置にも工夫があります。たとえば、東京交響楽団の本拠地であるミューザ川崎シンフォニーホールは、ステージが中央にあり、客席はその周囲を取り囲む「ワインヤード方式」です。このような配置にすることで、360度それぞれの場所で異なる音の響きを楽しめるだけでなく、ホール全体がステージになったような一体感も味わうことができます。

\ 覚えておこう /

コンサート・マナー

みんなが気持ちよく音楽を楽しむために、
オーケストラのコンサートにはいくつかのルールがあります。

いつもと違う時間を楽しもう！

コンサートには、ドレス・コード（服装の決まり）がある場合があります。といっても、高価な服を買ったり、かた苦しい服を着る必要はありません。いつもより少しおしゃれをして、おでかけを楽しんでください。

演奏中は小さな音でもNG！

集中して演奏を聴いている人にとっては、小さな音でも気になってしまうものです。携帯電話の音やおしゃべりはもちろんのこと、アメの包み紙を開ける音、プログラムをめくる音にも注意しましょう。

余韻《よいん》をたっぷり楽しんで…

「素晴らしかった！」と思っても、拍手をするのはちょっと待ちましょう。音が消えていく余韻も、演奏の大切な一部なのです。あせる必要はありませんから、周りの人を見て、一緒に拍手することをおすすめします。

こども定期演奏会

「こども定期演奏会」は、年に4回開催される、日本で初めてのこどものためのオーケストラ定期演奏会です。毎年テーマを設けて、さまざまなオーケストラ作品をわかりやすく解説しながら演奏します。また、オーディションで選ばれれば東京交響楽団と一緒に演奏できるチャンスもあるほか、チラシのイラストやテーマ曲（作曲）も子どもたちから募集しています。年間定期会員になると、会員限定イベントへも参加できます。
※小学1年生から入場可

次回の公演は…？

●2016年12月17日(土) 11:00～「炎のハーモニー」
指揮：飯森範親
チャイコフスキー：「くるみ割り人形」から

2017シーズンは…？

〈楽器ア・ラ・カルト〉 会場：サントリーホール
●2017年 9月 9日(土)「オードブルは弦楽器」
●2017年11月 4日(土)「メインディッシュはピアノとともに」
●2017年12月16日(土)「クリスマス・パーティ」
●2018年 3月24日(土)「愉しいデザート」
※2016年12月15日(木)よりチケット発売開始
詳しくは…
「こども定期演奏会」でネット検索！(http://www.codomoteiki.net)

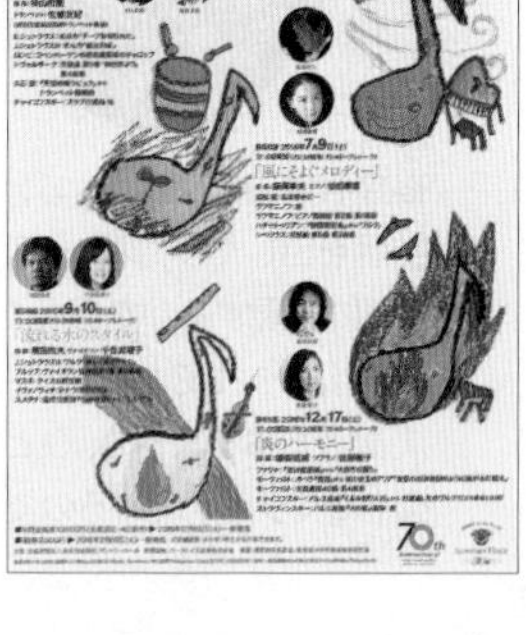

取材協力

東京交響楽団

TOKYO SYMPHONY ORCHESTRA
Jonathan Nott, Music Director

お問い合わせ・チケット予約
TOKYO SYMPHONYチケットセンター
TEL. 044-520-1511
（平日：10：00～18：00、土日祝休み）
ホームページ：http://tokyosymphony.jp

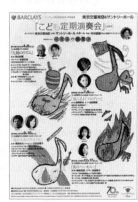

セーラー服は男の人の着るものだった!?

制服の話

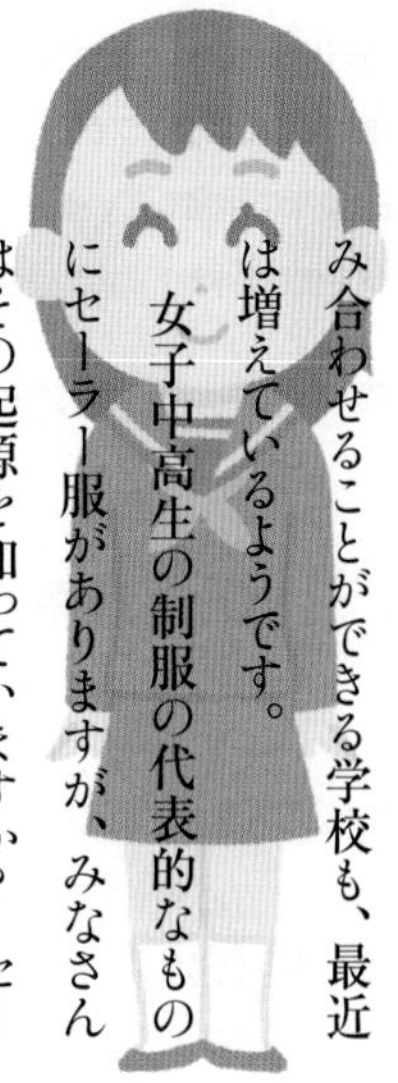

町を歩いていると、制服姿の中学生や高校生をよく見かけます。小学生のみなさんからすると、制服を着た中高生は大人っぽく見えるのではないでしょうか。「第一志望校の制服にあこがれている」という人もいるかもしれませんね。制服は学校によって、デザインはもちろん、ネクタイやリボンの色などもさまざまです。季節によって夏服と冬服があるのが一般的ですが、それぞれの中にさらにいくつかのバリエーションがあり、それらを自由に組み合わせることができる学校も、最近は増えているようです。

女子中高生の制服の代表的なものにセーラー服がありますが、みなさんはその起源を知っていますか？　セーラーとは英語の〝sailor〟で、船乗りや水兵のことです。セーラー服は、はじめ船のうえで働く人や海軍の兵士が着るものとしてつくられました。つまり、元々は男性が着るものだったのです。今では女子中高生の制服としてすっかり定着していますから、「男の人が着る」と聞くと少し変な感じがしますが、実はセーラー服のデザインは、船乗りのために考えられたもの、ともいえるのです。セーラー服の特徴といえば、大きな襟《えり》です。襟が大きい理由にはいくつか説がありますが、なかでも「音を聞き取りやすくするため」という説がよく知られています。大きな船の上では、風や機械の音で遠くにいる人の声が聞き取りにくくなります。その際、背中側の襟を立てて頭の後ろに付けると、音を集める効果があり、声が聞き取りやすくなるそうです。また、胸元が大きく開いているのは海に落ちてしまったときに脱ぎやすいため、といわれています。まさに「海で働くための服」であったセーラー服ですが、19世紀、イギリスで子供服として流行したことをきっかけに、子どもや女性のファッションとしても世界中で親しまれるようになりました。日本では、大正時代ごろから女子生徒の制服として使用されるようになり、現在に至っています。

一方、男子生徒の制服としておなじみなのが、高さのある襟を前で合わせる詰襟《つめえり》タイプの学生服です。みなさんにとっては「中高生の制服」というイメージが強いかもしれませんが、詰襟の学生服は、古くは大学の制服としても用いられていました。詰襟タイプの学生服は、〝学ラン〟とも呼ばれています。なんだか不思議な名前だと思いませんか？　〝学ラン〟という呼び名の由来にも諸説ありますが、有力なのは次のようなものです。江戸時代には、西洋の人や西洋に関する事柄を、国にかぎらず〝オランダ（阿蘭陀）〟と呼ぶ習慣がありました。そのため、西洋の人が着ている服のことも〝蘭服〟や〝ランダ〟と呼んでいました。その後明治時代になって、東京帝国大学をはじめとするいくつかの大学で詰襟の洋服が制服として採用されると、「学生が着るランダ（洋服）」だから〝学ラン〟と呼ばれるようになったそうです。街なかで見慣れているセーラー服や学ランにも、調べてみると意外な歴史や興味深い由来があるのですね。

時代に合わせて、新しく機能的な制服を採用している学校。伝統の制服に込められた思いを大切に守り、受け継いでいる学校。また、制服が決められていない学校もあります。各学校の制服は、その学校の考え方や大切にしていることなどの校風を表す、学校の〝顔〟ともいえる存在です。第一志望校が決まっている人は、その制服を改めて見てみましょう。まだ決まっていない人は、いろいろな学校の制服を比べてみてはどうでしょうか。見た目だけではなく、その歴史や制服に込められた思いなども調べてみると、学校の新たな魅力を発見できるかもしれませんよ。

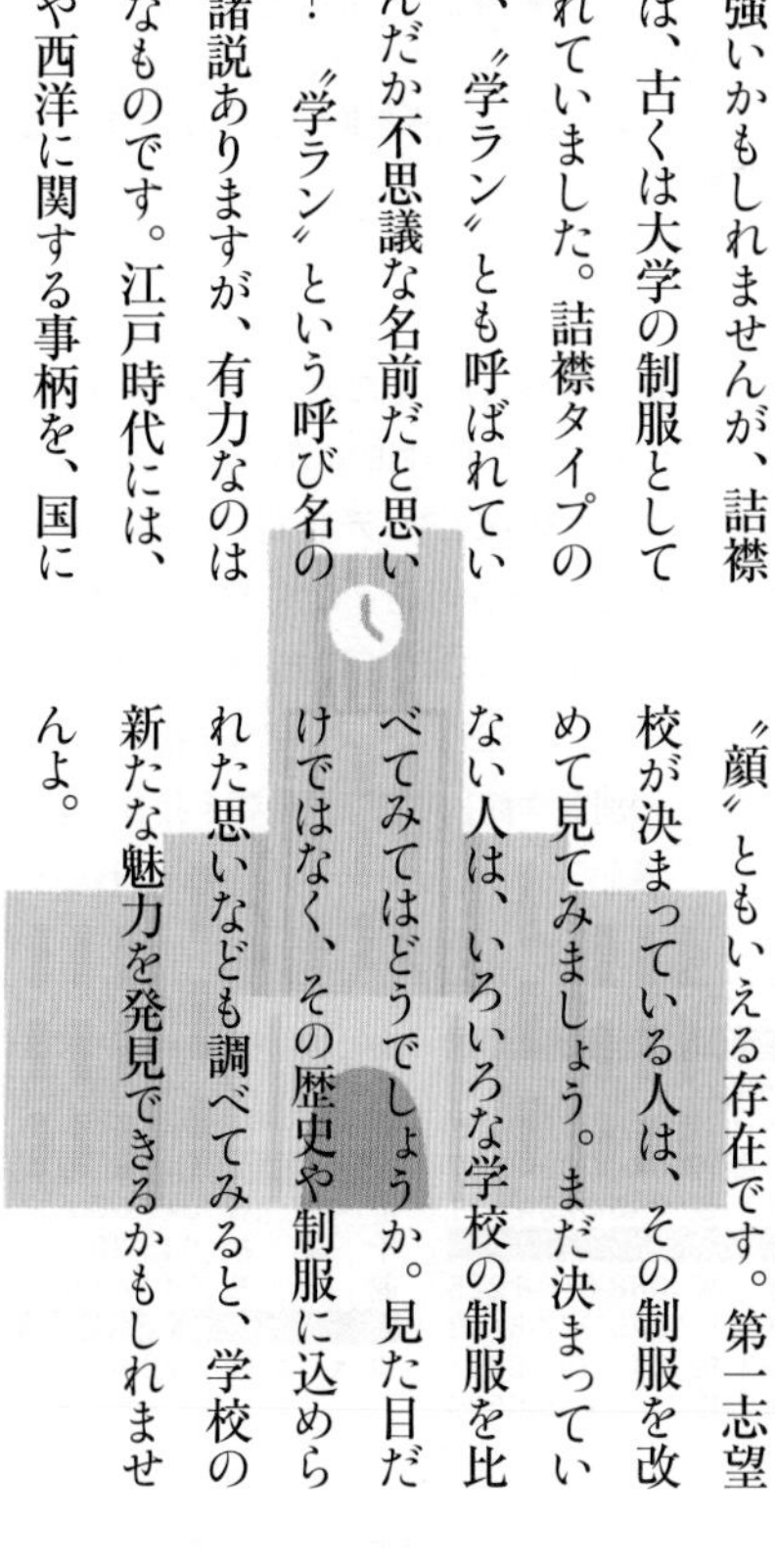

無料 あなたの夢、目標を応援します！

個別カウンセリング受付中

「学校の授業と受験勉強の両立の仕方がわからない」「志望校には合格したいけれど、習い事や部活動もがんばりたい」「進学塾に通いながら苦手な科目を強化したい」など、勉強に関して悩んでいることがあれば、ぜひ、私たちにお聞かせください。経験豊富なスタッフがどのような悩みについてもアドバイスいたします。もちろん、最新の入試情報も豊富に用意しています！

※ご希望の時間帯でご予約できます。お近くの「MYSTA」、「早稲田アカデミー個別進学館」までご連絡ください。

1:2スタイルの個別指導で夢や目標を実現【早稲田アカデミー個別進学館】

小・中・高 全学年対応／難関受験・個別指導・人材育成
早稲田アカデミー個別進学館
WASEDA ACADEMY KOBETSU SCHOOL

本気 新しい知識を吸収することも、その知識を使いこなす集中力も、すべての原点は生徒たちの“本気”にあります。そこで、【早稲田アカデミー個別進学館】では、生徒たちの“本気”を引き出すのは、講師の“本気”であると考え、日々熱のこもった指導を行っています。

未来 努力の結果、勝ち得た憧れの志望校への合格。その経験を通じて得た“自信”や“自立心”は、これからの人生において大きな糧となるはずです。

生徒一人ひとりが自らの力で“未来”を切り拓ける人物に成長できるよう、まずは「憧れの志望校への合格」までを全力でサポートします。

自立 どんな質問にも答えてくれる塾の講師、精神的に常に支えてくれる家族—。確かに、つらく厳しい受験勉強を乗り切るには、周りのサポートが必要です。しかし、入学試験当日は、教えてくれる人もいなければ、優しく見守ってくれる人もいません。だからこそ、入試本番で実力を発揮するためには、「自らの力で受験に立ち向かってきた」という自信が必要なのです。

そこで、【早稲田アカデミー個別進学館】では、生徒たちの自信を培うために、講師1人に対して生徒2人という、「1：2スタイルの個別指導」を考案。この指導方法により、「自分で考え解決する力」と「自ら課題を見つける姿勢」、すなわち“自立”を促す指導を行っています。

「自ら課題を見つける姿勢」を養う

生徒の「自ら課題を見つける姿勢」を養うため、目標達成シート、学習予定表、自立学習シートの3つからなる「PaFE（自立学習支援ツール）」を用意。

● 目標達成シート
塾・保護者・生徒の間で目標を共有するためのシート

● 学習予定表
生徒一人ひとりの授業や宿題予定を管理する予定表

● 自立学習シート
授業の冒頭に、その日の授業の目標を生徒自身に確認させ、授業終了時にその日の理解度や課題をチェックさせるためのシート

「自分で考え解決する力」を養う

教えてもらう時間
- 早稲田アカデミーで培った指導
- 難関校対策ならではの知識や解法
- 一人ひとりの理解度に合わせた解説

90分の授業内で繰り返し

自分で解く時間
- 講師からの適切な問題指示
- 落ち着いた学習環境、適度な緊張感
- 自ら解き進めることによる定着

夢や目標別のコースが充実!

小学生・中学生は、早稲田アカデミー準拠の指導で難関校合格を目指す人向けの『Wコース』、内部進学を目指す人向けの『中高一貫コース』、集団塾と併用して難関中高合格を目指す人向けの『塾併用コース』の3コースから、高校生は先の3コースに『推薦・AO入試対策』を加えた4コースから選ぶことができます。

たとえば、『Wコース』は毎年圧倒的な合格実績を残している早稲田アカデミーの集団校舎のノウハウを個別指導用にカスタマイズしたもので、「習い事や部活があるので塾に通えない」と悩んでいる生徒には最適のコースです。また、『塾併用コース』は集団授業を受けながら、【早稲田アカデミー個別進学館】で苦手な科目だけを受講する、または、得意な科目をさらに伸ばすためにハイレベルな内容を学習するなど、目的に応じた指導が受けられます。早稲田アカデミー以外の進学塾との併用ももちろん可能ですが、早稲田アカデミーとの併用であれば、指導方法が同じであること、また、早稲田アカデミーと【早稲田アカデミー個別進学館】の講師が情報を共有しながら指導を行うので、より学習効果が得られます。

小・中・高 全学年対応／難関受験・個別指導・人材育成
早稲田アカデミー個別進学館
WASEDA ACADEMY KOBETSU SCHOOL
お問い合わせ・お申し込みは最寄りの個別進学館各校舎までお気軽に

東京都

池袋西口校	03-5992-5901
池袋東口校	03-3971-1611
大森校	03-5746-3377
荻窪校	03-3220-0611
御茶ノ水校	03-3259-8411
吉祥寺校	0422-22-9211
木場校	03-6458-5153
国立校	042-573-0022
三軒茶屋校	03-5779-8678
新宿校	03-3370-2911
立川校	042-548-0788
月島校	03-3531-3860
西日暮里校	03-3802-1101
練馬校	03-3994-2611
府中校	042-314-1222
町田校	042-720-4331

神奈川県

新百合ヶ丘校	044-951-1550
たまプラーザ校	045-901-9101
武蔵小杉校	044-739-3557
横浜校	045-323-2511

埼玉県

大宮校	048-650-7225
川越校	049-277-5143
北浦和校	048-822-6801
志木校	048-485-6520
所沢校	04-2992-3311
南浦和校	048-882-5721
蕨校	048-444-3355

千葉県

市川校	047-303-3739
千葉校	043-302-5811
船橋校	047-411-1099

茨城県

つくば校	029-855-2660

難関中高大へ圧倒的な合格実績を誇る早稲田アカデミーの個別指導

【早稲田アカデミー個別進学館】と【個別指導MYSTA】

一人ひとりの個性や夢、目標に合わせてカスタマイズできる【早稲田アカデミー個別進学館】と【個別指導MYSTA】

早稲田アカデミーは、ふつうの学力の生徒を『本気でやる子』に育てることにより、生徒自らが望む憧れの難関校合格を実現させることを第一の目的とする進学塾です。

そんな早稲田アカデミーが「より多くの子どもたちの夢や目標をかなえたい」と誕生させたのが進学個別指導塾、【早稲田アカデミー個別進学館】と【個別指導MYSTA】です。このふたつの進学個別指導塾に共通するのは、難関校へ圧倒的な合格実績を誇る早稲田アカデミーならではの教材と指導ノウハウ、情報を活用しながらも、生徒一人ひとりに合わせた指導を行うことです。また、どちらもお子様のご都合に合わせて受験回数や曜日・時間帯をお選びいただけますので、習い事・部活との両立や集団塾との併用も可能です。

早稲田アカデミー個別進学館
個別指導MYSTA

＝

実績あるカリキュラム
教材は早稲田アカデミーの集団授業と同じものを使用。生徒一人ひとりの学習状況や志望校に合わせてカリキュラムを作成します。

×

講師の指導力
早稲田アカデミーと同じ指導ノウハウを取得した講師が勢ぞろい！生徒たちに"本気"で向き合うことで『本気でやる子』を育みます。

×

合格への情報量
毎年、難関校に数多くの合格者を輩出している早稲田アカデミーには膨大なデータが蓄積されています。その過去のデータと最新の情報をもとに進路指導を行います。

3つの学習コースのなかから目的や性格に合わせて選べる【MYSTA】

【MYSTA】の一番の特徴は、生徒の目的や性格に合わせて学習コースが選べることです。また、学習コース、受講科目や受講回数も月ごとに変更することが可能なため、効率良く実力をつけることができます。さらに、【MYSTA】では、生徒本人やご家庭の要望をヒアリングし、まず、入塾後1ヶ月間は見極め授業期間としてその条件にあう数名の講師が授業を担当。その後は、指名した講師による授業を受けることが可能です（SVコース・SRコースのみ）。

3つの学習コース ※いずれのコースも80分授業（小1〜小3は60分授業）

SVコース　講師1：生徒1（完全個室）　超難関中高大受験指導
御三家中学、国立・開成高や早慶高、東大・早慶上智大合格を目指す人のためのコース。早稲田アカデミーが難関中高大受験に向けての指導システム・カリキュラム・教材を全面的にバックアップしています。

SRコース　講師1：生徒1（個人ブース）
学習の習熟度を徹底的に深めたい人や、遅れを一気に取り戻したい人のためのコース。一人ひとりの目的や成績に応じたきめ細かな指導を行います。

Rコース　講師1：生徒2（個人ブース）
「演習」と「解説」を繰り返すことによって、自ら考え、学ぶ姿勢を育てるためのコース。教わる時間と問題を解く時間を交互に設定することによって、メリハリのある効果的な授業を行います。

MYSTA 早稲田アカデミー 個別指導マイスタ

お問い合わせ・お申し込みは最寄りのMYSTA各教室までお気軽に

渋谷教室 03-3409-2311	巣鴨教室 03-5394-2911	国分寺教室 042-328-6711
池尻大橋教室 03-3485-8111	平和台教室 03-5399-0811	戸田公園教室 048-432-7651
高輪台教室 03-3443-4781	石神井公園教室 03-3997-9011	新浦安教室 047-355-4711
池上教室 03-3751-2141	武蔵境教室 0422-33-6311	津田沼教室 047-474-5021

暮らしのアイデア教えます!

食事や洗濯、塾の送り迎えにお弁当作り…
毎日忙しく過ごすパパとママのために、少しでも役立つ暮らしのアイデアを提案します!

part1. プリント整理術

お子様が塾から持ち帰るプリント類。種類に加えて量も多く、気づいた時にはプリントが山積みで何がどこにあるかわからない…
そんなことはありませんか? 整理が苦手なお子様でも簡単かつ、すぐに出来るプリント整理術をお教えします!

【用意するもの】

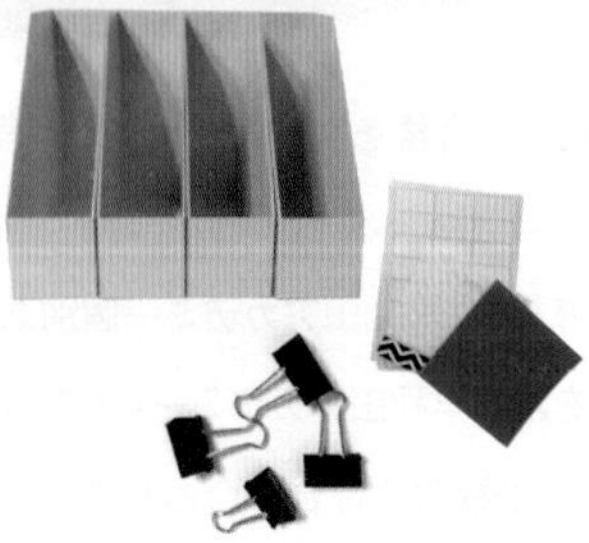

① ファイルボックスを各科目分
② ダブルクリップ
③ 付箋・タイトルシール

STEP 1

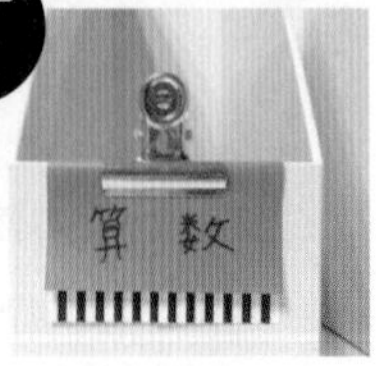

付箋を使って科目ごとにラベリングする。 ファイルボックスにクリップでとめるだけで 簡単です。

POINT
科目ごとに色を変えることが一目でわかるポイント!

STEP 2

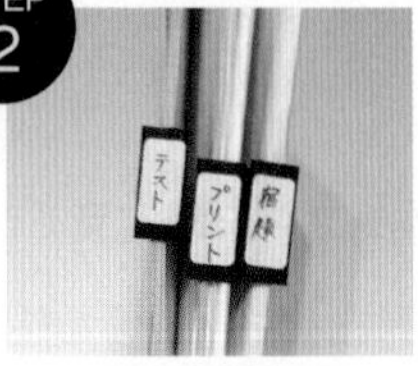

プリント、宿題、テストなど、タイトルを書いたシールをダブルクリップにはる。あとはプリントをはさむだけ。

POINT
クリップでタイトルごとに分けることで何がどこにあるかすぐわかります。

STEP 3

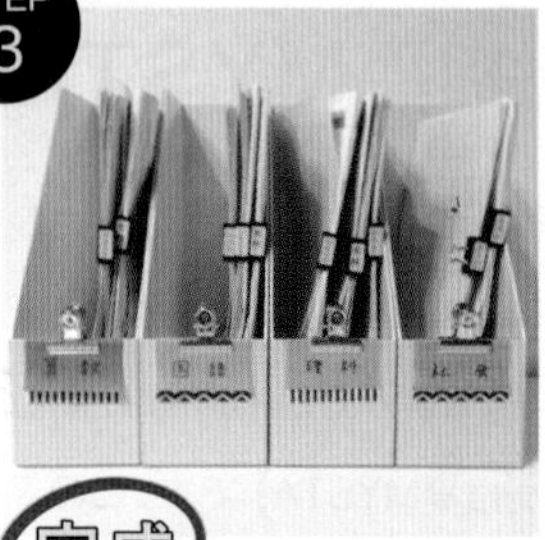

完成
プリント類をそれぞれの科目のファイルボックスに入れて完成。科目別だとすっきり、わかりやすい!

part2. 塾弁

塾で遅くまで勉強を頑張るわが子に愛情たっぷりのお弁当を持たせてあげたい!
美味しく、休憩時間内に食べやすく、栄養バランスも良い三拍子そろったお弁当レシピを紹介します!

【材料】
①鯖の唐揚げ
　生鯖…1尾
　醤油、酒…各大1
　生姜チューブ…2cm
　にんにくチューブ…2cm
②ツナにんじん
　にんじん…1本
　ツナ缶…1缶
　めんつゆ…小2
　卵…1個
③さつまいも蜂蜜レモン煮
　さつま芋…1本
　砂糖、蜂蜜、レモン汁…各大1
④わかめおにぎり
　ご飯…お茶碗に軽く2杯
　乾燥わかめ、塩、顆粒だし…適量

STEP 1

写真1

下ごしらえ

①三枚におろした鯖を一口大にして、醤油・酒・生姜・にんにくで下味をつける(写真1)。
②にんじんは千切りにしておく。
③さつまいもは2cmの輪切りにして水にさらす。
④細かく切った乾燥わかめと塩、顆粒だしを温かいごはんに混ぜる。

STEP 2

写真2

調理

①下味をつけておいた鯖は小麦粉(分量外)をつけて揚げる。
②にんじんをしんなりするまで炒め、ツナ・めんつゆ、最後に溶き卵を入れ炒め合わせる(写真2)。
③さつまいもをひたひたの水(分量外)・砂糖・蜂蜜・レモン汁で煮る(弱火)。
④乾燥わかめをご飯の熱で戻し、おにぎりにする。

STEP 3

完成
食材をバランスよくお弁当箱に詰め、彩りにブロッコリー、トマトを入れて完成! 余ったおかずは夕飯の副菜や常備菜にも。

MEMO
鯖に含まれるDHA、卵に含まれるレシチンで記憶力・集中力アップ! にんじんのビタミンAで眼精疲労回復、お米の炭水化物で脳の活性化が期待できます!

パパママQ&A

Q1 お子様は塾以外の習い事を2つ以上やっている。
Q2 お子様はスポーツが得意な方である。
Q3 我が家では毎日2回以上洗濯機を回している。

1枚めくったFAX送信用紙にYESかNOのいずれかでお答えください。集計結果は次号で発表します!

クイズ

クイズに答えてプレゼントをもらっちゃおう!

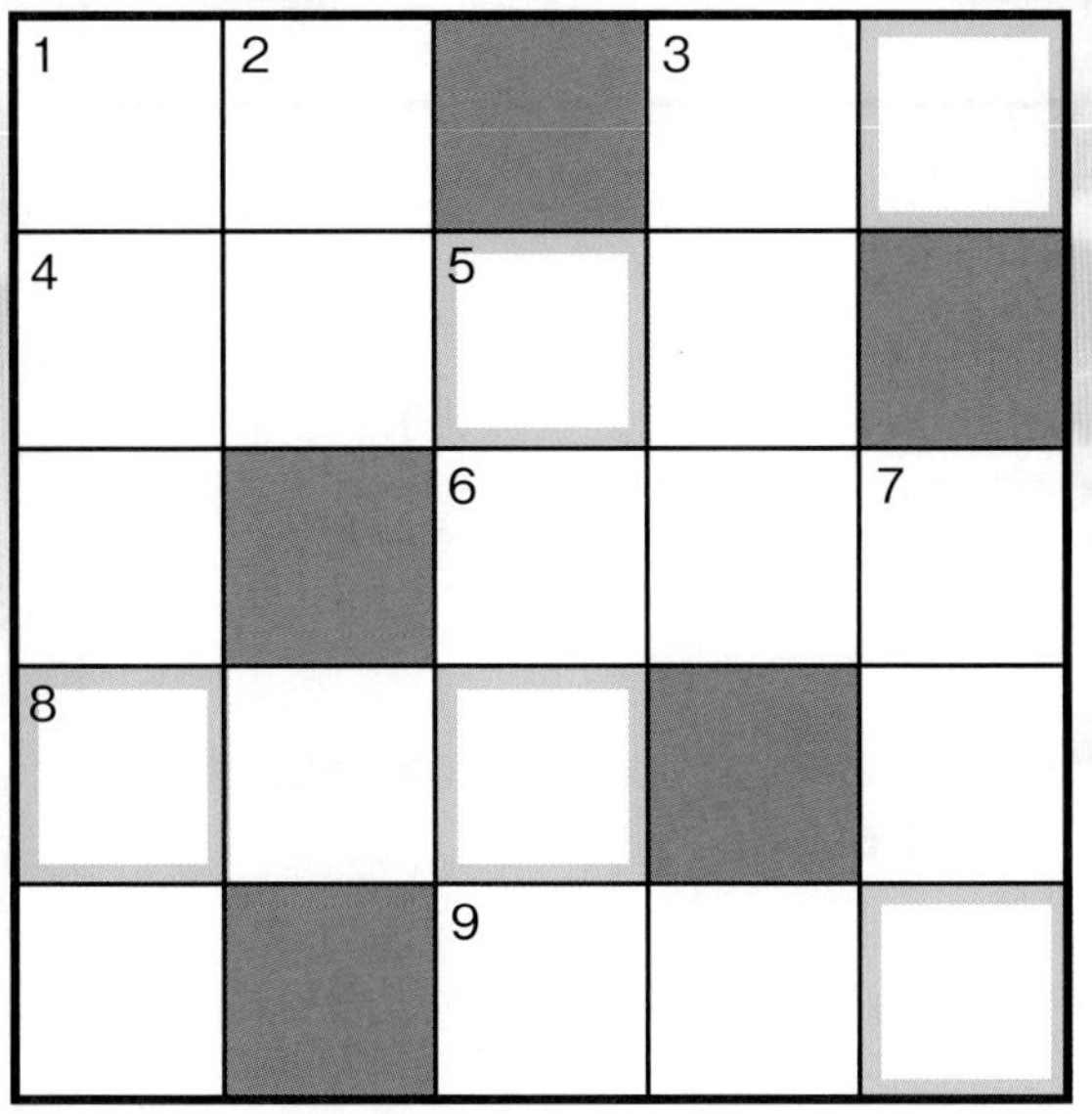

クロスワードを解いて、□の文字を並び替えてみよう。
どんな言葉になるかな?

■たて

1.5月5日の端午の節句のときに食べる風習がある和菓子。
2.英語で鍵のこと。
3.英語で正午のこと。午後はアフタ○○○
5.主要国首脳会議。2016年5月には三重県にて伊勢志摩○○○○が行われた。
7.距離や空間が離れていること。「近い」の対義語。

■よこ

1.「富有」や「次郎」などの種類のある果物。ことわざ「桃栗三年○○八年」
3.水草が茂る泥深い湿地の一種。明確な区別はないが一般的に池より大きく湖より小さい。
4.沖縄県などでみられる獅子をかたどった魔除けの像。(写真)

6.清涼感のあるハーブで、ペパー○○○やスペア○○○などの種類で知られる。
8.互いに助けたり助けられたりする様子。「○○○持たれつ」
9.時刻を知るための機器。壁掛け型や置き型、腕に巻いて携帯する型などがある。

● 9・10月号正解/はろういん

編集室のつぶやき

▶目標に向かって努力し、自分の未来を切り開いていく…。人間だけに与えられた素晴らしいことです。目標が高ければ高いほど、そこに至るまでの道のりは険しいものになります。しかし、乗り越えた先には、努力を続けた人にしか見ることができない景色が広がっています。毎日一歩前進、という気持ちでがんばっていきましょう。(TK)

▶「興味津津」興味があとからあとからわいて尽きないさま、のことを言います。今は勉強で大変でも、何か一つ「興味津津」になるものを見つけてください。(AO)

▶「お仕事見聞録」で出会った西尾さんは、海風のなかで頼もしく輝いていました。みなさんは将来何になりたいですか? たくさんの物事を知って、自分の可能性を見つけてくださいね。(TH)

▶たくさんの方の協力で、私たちは毎日「水」を使うことができます。私たちの生活は多くの方に支えられているということを忘れずにいたいと思います。(AG)

▶衣替えをしていたら、小さくなった子供服がたくさん出てきました。1年の成長の早さを驚くと同時に、少し寂しい気持ちにもなりました。子どもたちの一瞬一瞬を見逃さないように過ごしたいものです。(KO)

▶山梨県のアンテナショップ、旬のマスカットの美しさに目を奪われました。感動が記憶を定着させると聞きます。お子様とアンテナショップ巡りなどいかがですか?(TT)

▶取材に訪れた学校で生徒さんが「ごきげんよう」と挨拶をしてくれて、言葉の美しさと生徒さんの笑顔に心洗われる気持ちでした。気持ちの良い挨拶を心がけたいですね。(MS)

プレゼント

正解者の中から抽選で
以下の商品をプレゼント!!

A賞 ペンケース 5名

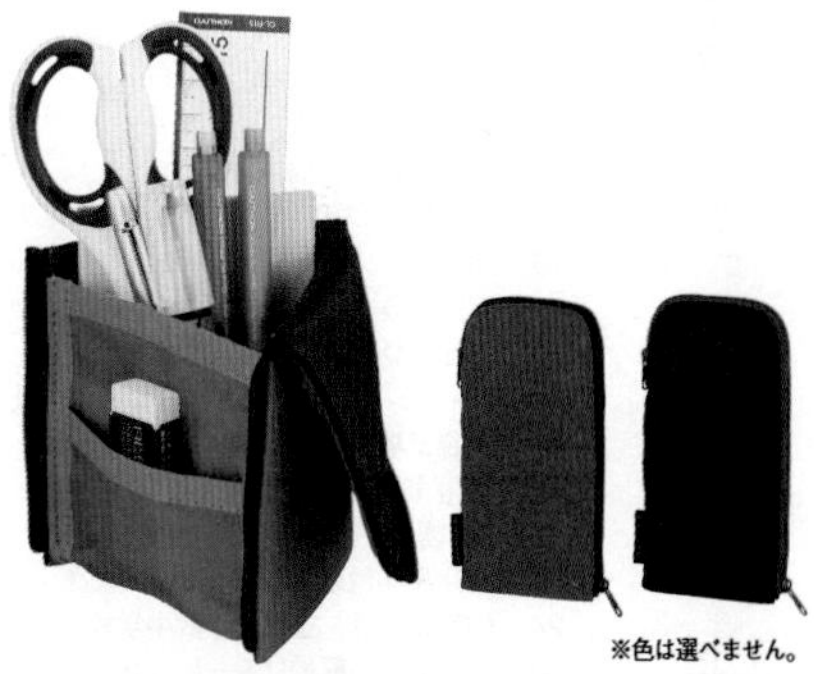

ファスナーを開けて上半分を折り返すとペンスタンドになる便利なペンケースを5名様にプレゼント。ペンが約15本収容できます。

商品問い合わせ先:コクヨ株式会社お客様相談室
TEL.0120-201-594

※色は選べません。

B賞 蛍光ペン(6色セット) 20名

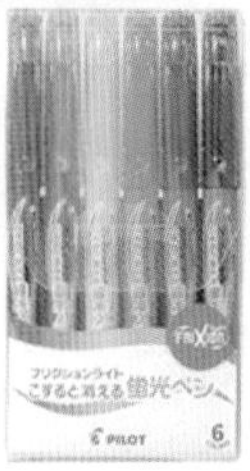

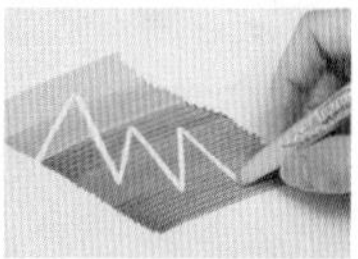

こすると消える蛍光ペン「フリクションライト」。間違えて引いてしまった時でもフリクションライトなら簡単に消すことができます。

商品問い合わせ先:パイロットコーポレーション
お客様相談室 TEL. 03-3538-3780

※写真はイメージです。実物とは異なります。

応募方法

●**FAX送信用紙で**
裏面にあるFAX送信用紙に必要事項をご記入のうえ下記FAX番号にお送りください。
FAX.03-3590-3901

●**バーコードリーダーで**
スマートフォン・携帯電話で右の画像を読み取り、専用の入力フォームからお送りください。裏面のFAX送信用紙に記載されているアンケートにもお答えください。

●**ハガキ・封書で**
クイズの答えと、住所、電話番号、氏名、お通いの塾・校舎などをご記入いただき、下記宛先までお送りください。また、裏面のFAX送信用紙に記載されているアンケートにもお答えください。
サクセス12への感想もお待ちしています。
宛先/〒171-0014 東京都豊島区池袋2-53-7
早稲田アカデミー本社広告宣伝部 『サクセス12』編集室

【個人情報利用目的】
ご記入いただいた個人情報は、プレゼントの発送およびアンケート調査の結果集計に利用させていただきます。

【応募〆切】
2016年11月30日(水)必着
当選者の発表は、プレゼントの発送をもってかえさせていただきます。

サクセス12 11・12月号 vol.63

編集長
喜多 利文

編集スタッフ
太田 淳
細谷 朋子
後藤 彰文
岡 清美
伊藤 博志
竹内 友恵
鈴木 麻利子

企画・編集・制作
株式会社 早稲田アカデミー
サクセス12編集室(早稲田アカデミー 内)
〒171-0014 東京都豊島区池袋2-53-7

FAX送信用紙

※封書での郵送時にもご使用ください。

クイズの答え	希望賞品（いずれかを選んで○をしてください）
	A 賞 ・ B 賞

氏名（保護者様）	氏名（お子様）	学年
（ペンネーム　　　）	（ペンネーム　　　）	

現在、塾に	通っている場合
通っている　・　通っていない	塾名 （校舎名　　　）

住所（〒　　-　　）	電話番号 （　　）

面白かった記事には○を、つまらなかった記事には×をそれぞれ3つずつ（　　）内にご記入ください。

（　）04 もう"夢"じゃない！ 地球と宇宙をつなぐエレベーター
（　）08 名門5校をクローズアップ！ 神奈川の注目校
（　）14 アクティ&おかぽんが 『東京都水の科学館』に行ってきました！
（　）16 聞いてビックリ知って納得 都道府県アンテナショップ探訪　山梨県
（　）18 お仕事見聞録 ジャパン マリンユナイテッド株式会社 艤装工事管理担当者 西尾 怜美さん
（　）22 6年後、夢をかなえる中学校「夢中」 東邦大学付属東邦中学校
（　）24 Close up!!　立教女学院中学校
（　）28 公立中高一貫校リポートvol.39 東京都立武蔵高等学校附属中学校
（　）32 のぞいてみよう　となりの学校 麗澤中学校
（　）36 全員集合　部活に注目！ 横須賀学院中学校「美術部」
（　）38 私学の図書館～ただいま貸し出し中～
（　）42 子どもを伸ばす子育てのヒント⑮ 子どもに目標を達成させるにはどうすればいいか
（　）46 親と子の悩み相談コーナー
（　）47 子どもたちは今　保健室より
（　）48 子どもの発達障害（ADHD）について 理解を深めよう
（　）50 インタビュー 石井てる美［お笑い芸人］
（　）54 子どもの本の世界 わたなべちなつ［造形作家・絵本作家］
（　）56 レッツ何でもトライ㉙ カヌーの楽しさを体験しよう！
（　）62 大人も子どもも本からマナブ
（　）72 森上展安の中学受験WATCHING
（　）78 NEWS2016「ウナギ取引の実態調査へ」
（　）82 熟語パズル・問題
（　）92 親子でやってみよう！ 科学マジック
（　）98 疑問がスッキリ！ 教えて中学受験Q&A
（　）103 熟語パズル・解答
（　）108 学ナビ！　桐朋中学校
（　）109 学ナビ！　文化学園大学杉並中学校
（　）113 私学自慢の施設紹介します！ 跡見学園中学校
（　）114 福田貴一先生の福が来るアドバイス
（　）116 秋の七草を知っていますか？
（　）118 海外生・帰国生に関する教育情報
（　）120 サクセス研究所 音の響きを楽しもう！ オーケストラ大研究
（　）123 制服の話
（　）126 暮らしのアイデア教えます！
（　）127 クイズ・プレゼント

FAX.03-3590-3901　FAX番号をお間違えのないようお確かめください

サクセス12の感想

パパママQ&A

Q1 お子様は塾以外の習い事を2つ以上やっている。 [YES ・ NO]
Q2 お子様はスポーツが得意な方である。 [YES ・ NO]
Q3 我が家では毎日2回以上洗濯機を回している。 [YES ・ NO]

中学受験　サクセス12　11・12月号2016
発行／2016年10月28日 初版第一刷発行　発行所／（株）グローバル教育出版 〒101-0047 東京都千代田区内神田2-4-2　編集／サクセス編集室 電話03-5939-7928 FAX03-5939-6014

【個人情報利用目的】ご記入いただいた個人情報は、プレゼントの発送およびアンケート調査の結果集計に利用させていただきます。